Jutta Weber-Bock
Autobiografisches Schreiben

Schlüsselgeschichten schreiben? –
Wahrheit und Dichtung!

Schreibratgeber Libelle

Blitzschnell huscht eine Idee durch unseren Kopf. Libellen helfen, sie zu fangen, und schenken Ihnen eine Rundumsicht. Wer könnte das besser als sie, es gibt sie seit 300 Millionen Jahren. Erfahren Sie das Glück im Schreiben, pfeilschnell wie die Libellen im Flug. Finden Sie neue Wege zur Kreativität. Wagen Sie es und schaffen Sie sich Freiräume. Schreiben Sie.

Über dieses Buch

Die Serie „Autobiografisches Schreiben" umfasst drei Teile. Ziel ist es, etwas so aufzuschreiben, dass es auch andere erreicht. Im ersten Band erhalten Sie zahlreiche Tipps, wie Sie Zeit für das Schreiben finden und die Kreativität anregen können. Der zweite Band führt Sie ein in die handwerklichen Grundlagen des Schreibens. Dieser dritte Band widmet sich mit 55 Schreibimpulsen dem Thema „Schlüsselgeschichten schreiben? – Wahrheit und Dichtung!" Lassen Sie sich locken und verlocken. Denn: Lügen machen das Schreiben leichter.

Über die Autorin

Jutta Weber-Bock, Schriftstellerin und Schreibcoach seit über 30 Jahren; Lehraufträge an der Universität Stuttgart und der Hochschule für Medien Stuttgart; mit einer Liebe nach Stuttgart gekommen und aus Liebe zur Stadt geblieben.
2006 erschien ihr Handbuch „Autobiographisches Schreiben", das sie nun überarbeitet und erweitert hat.

Jutta Weber-Bock

Autobiografisches Schreiben

Band 3

Schlüsselgeschichten schreiben? – Wahrheit und Dichtung!

55
SCHREIB
IMPULSE

edition heusteig

Ergänzte und überarbeitete Auflage des Buches Autobiographisches Schreiben, Ein Handbuch für Schreibende und Kursleitende, Waldburg, 2006.

Bibliografische Information der Deutschen Nationalbibliothek: Die Deutsche Nationalbibliothek verzeichnet diese Publikation in der Deutschen Nationalbibliografie; detaillierte bibliografische Daten sind im Internet über https://dnb.dnb.de abrufbar.

Verlag: BoD · Books on Demand GmbH, In de Tarpen 42, 22848 Norderstedt, bod@bod.de

Druck: Libri Plureos GmbH, Friedensallee 273, 22763 Hamburg

ISBN 978-3-7597-6649-6

Inhaltsverzeichnis

Vorwort

Die *Schreibratgeber Libelle* bieten ein breites Spektrum. Seit vielen Jahren geistern sie durch meinen Kopf. Themen wie „Reisen und Schreiben", „Kreatives Schreiben" sowie auch „Gedichte schreiben" treiben mich persönlich um und fließen ins Schreiben und in meine Kurse ein. Finden Sie Ihr Herzensthema und folgen Sie ihm. Das Schreiben wird Sie reich beschenken.

Ich habe mit Tipps zum Thema „Autobiografisches Schreiben" begonnen, da für mich selbst am Anfang der Wunsch stand, Geschichten aus dem eigenen Leben zu erzählen. Diese Serie umfasst drei Teile und verfolgt das Ziel, auch andere mit dem Schreiben zu erreichen.

Im ersten Band „Schreiben im Alltag? – Zeit finden!" erhalten Sie zahlreiche Impulse, Zeit für das Schreiben zu finden und die Kreativität anzuregen. Im zweiten Band „Lebensgeschichten schreiben? – Vom Ende zum Anfang!" zeige ich Ihnen, wie Sie Ihre Geschichten vom Ende zum Anfang gestalten. Die Wahrheit liegt in der Mitte.

Dieser dritte Band zum Thema „Schlüsselgeschichten schreiben? – Wahrheit und Dichtung!" verführt Sie zur Unwahrheit, zum Lügen. Lassen Sie sich locken und verlocken. Nur Mut, wenn Ihnen etwas durch den Kopf huscht, was nicht sein kann. Folgen Sie Ihrer Idee.

Lassen Sie sich nicht beirren wie die Libellen. Verschaffen Sie sich mit ihrer Hilfe eine Rundumsicht. Wer könnte das besser als sie, es gibt Libellen seit 300 Millionen Jahren.

Erfahren Sie das Glück im Schreiben, pfeilschnell wie die Libellen im Flug. Finden Sie neue Wege zur Kreativität. Wagen Sie es und schaffen Sie sich Freiräume.

Schreiben Sie und bringen Sie es in Einklang mit dem Leben. Für mich ist die Libelle auch dafür ein Symbol. Sie ist Luft, ich bin Erde. Sie ist Jungfer, ich bin eine Jungfrau-Geborene. Gemeinsam suchen wir das Wasser. Die flügelige Jungfer kommt tief aus meiner Seele. Sie stärkt mich im steten Wandel und hilft mir bei der Transformation.

Die Themen in diesem dritten Band sind wieder modular aufgebaut. Sie können auch direkt in ein Kapitel einsteigen. Ich gebe Ihnen weitere Hinweise zum Handwerk des Schreibens, das im zweiten Band ausführlich behandelt wird. Lassen Sie sich inspirieren von den Beispielen und Zitaten und lesen Sie nach in den Quellen. Genießen Sie abends auf dem Sofa auch die Lesetipps und schmökern Sie.

Schreiben ist wie das Leben eine Reise und kann herausfordernd sein, wie Heinrich Heine es in seinem Gedicht „Die Libelle"[1] erzählt. Er hat das Gefühl, von einer Libelle verführt worden zu sein und glaubt, wie ein Wurm alles verloren zu haben, als er nach Paris gegangen ist.
Eine tragische Schlüsselgeschichte für ihn, für uns ein Glück, denn ohne das Leben im Exil wäre sein Werk ein anderes geworden.

---

1   Lesetipp: Heinrich Heine,
      https://de.wikisource.org/wiki/Die_Libelle_(1854)

Lassen auch Sie sich verführen und führen. Loten Sie den Raum zwischen Wirklichkeit und Imagination für sich neu aus. Nutzen Sie meine Expertise aus über dreißig Jahren als Schreibcoach.

Schritt für Schritt öffnen Sie sich in Schlüsselgeschichten auch für Trauer und Tränen. Doch im Schreiben finden Sie Trost. Am Schluss gewinnen Sie Ihre Vergangenheit in einem neuen Licht zurück, wie die Winterlibellen im Frühjahr, die als Imago, als Bild ihrer Art, überwintern.

Libellen sind Akrobaten der Lüfte. Werden Sie ein Akrobat Ihrer Lebensgeschichte. Lenken Sie den Blick auf die kleinen, zauberhaften Dinge im Leben. Seien Sie dort, wo das Glück ist – im Schreiben.

Einleitung: Schlüsselgeschichten schreiben? – Wahrheit und Dichtung!

Jedes persönliche Ereignis kann für uns zu einem Schlüsselerlebnis werden. Oft erkennen wir erst im Rückblick, wie wichtig ein Vorfall im Lauf unseres Lebens für uns war. Auf den ersten Blick hatte er vielleicht nichts mit uns zu tun, doch er wirkt wie ein Katalysator und löst etwas aus, dem wir uns nicht entziehen können.

In diesem Band stelle ich Ihnen in sechs Kapiteln 55 Schreibimpulse vor, die Ihnen das Erzählen leichter machen. Denn: Dichtung steht über Wahrheit.

Schuld an allem hat, wie Max Frisch sagt, nur unsere „Gier nach Geschichten [...]. Man kann die Wahrheit nicht erzählen. [...] Jeder Mensch, nicht nur der Dichter, erfindet seine Geschichten – nur daß er sie, im Gegensatz zum Dichter, für sein Leben hält [...]."[2]

Führen Sie sich die Menschen aus Ihrem Leben vor Augen. **Das Ich und die Anderen** leben von **Nähe und Ferne**. Lernen Sie, wie Sie von Figuren über Personen zu Charakteren kommen.

Eine Tür ist oft mehr als ein reiner Durchgang. Entscheiden Sie, durch welche **Türen** Sie gehen. Manchmal beinhaltet der Durchgang einen **Wendepunkt**, an den sich eine **Schlüsselgeschichte** knüpft.

---

2   Max Frisch, Unsere Gier nach Geschichten, in: Gesammelte Werke in zeitlicher Folge. Vierter Band. Suhrkamp, Frankfurt am Main, 1976, Seite 263.

Bleiben Sie als Autorin oder Autor im Schreiben stets präsent. Verbergen Sie nicht, dass Ihre Texte mit dem Leben verbunden sind. Doch reichern Sie das Geschehen mit Erfindung an. Erst aus der **Autofiktion** ergibt sich das Exemplarische.

Schlagen Sie einen Bogen vom Ende zum Anfang und zurück und wagen Sie sich an **Streckentexte**, wie es mein Schreiblehrer Paul Schuster immer gesagt hat. Gehen Sie **Schritt für Schritt** vor, wie bei einem Marathon, dann kommen Sie leicht ans Ziel.

Frönen Sie gerne der Lust, dass etwas so und nicht anders passiert ist? Hören Sie nicht hin und lügen Sie. In der **Dichtung** verbirgt sich die **Wahrheit** mehr, als wir auf den ersten Blick glauben.

Haben Sie Mut und sagen Sie ganz bewusst: Es war nicht so. Stehen Sie dazu, dass Sie lügen und erfinden, denn so öffnen sich neue Türen beim Schreiben. Die **Wahrheit** verschiebt sich und wird selbst zur **Dichtung**.

„Der literarische Text läuft nicht neben der Nachweisbarkeit geschichtlicher Realität her. Er allein schafft es, durch das Detail der Sinne, die Vorstellbarkeit des Ganzen zu erzwingen", sagt Herta Müller. [3]

Rufen Sie sich solche Details aus Ihrem Leben ins Gedächtnis. Folgen Sie Ihrer Nase, den Ohren und Augen, der Zunge und den Fingerspitzen. Versammeln Sie die Personen aus Ihrem Leben um sich und schreiben Sie.

---

3   Herta Müller, In der Falle, Bonner Poetik Vorlesungen, Göttingen, 1996, Seite 5.

Kapitel 1: Das Ich und die Anderen – Nähe und Ferne

Im Mittelpunkt dieses Kapitels stehen Sie selbst und die Menschen aus Ihrem Leben. Das Verhältnis zu ihnen prägt auch Ihr Schreiben. Machen Sie sich den Stoff Ihres Leben bewusst und wählen Sie aus, was Sie erzählen möchten. Seien Sie gespannt auf die Beziehung zwischen dem Ich und den Anderen und loten Sie die Balance neu aus zwischen Nähe und Ferne.

Riechen Sie noch einmal an der Lavendelseife der Großmutter und beißen Sie in einen Apfel, den Sie selbst vom Baum gepflückt haben. Wischen Sie sich mit dem Handrücken den Saft vom Kinn und summen Sie *Hänschen klein*, wenn Sie sich vorstellen, wie die Mutter nach Ihnen ruft.

Schreibimpuls (1)
Selbstinterview

Vorbereitung: Beginnen Sie bei sich selbst, denn Sie sind ein Teil Ihrer Geschichte und können sich nicht ausklammern.

(1) Notieren Sie ein sinnliches Detail aus Ihrem Leben;

(2) Nennen Sie zwei wichtige Erlebnisse, an die Sie sich gut erinnern;

(3) Welche drei Eigenschaften besitzen Sie, die Sie selbst als liebenswert beschreiben würden?

(4) Was bedeutet Ihnen das Schreiben?

Beispiele: Ein paar Einblicke in mein Leben, denn auch ich kann mich als Person nicht ausklammern beim Schreiben:

zu (1) heimlich reife Himbeeren an der Hecke im Garten pflücken, sie in den Mund schieben und darauf herumlutschen, bis sie sich auflösen, saftig und zuckersüß;

zu (2) Schwimmen lernen; Umzug ins Schwabenland;

zu (3) einfühlsam, treu und geduldig;

zu (4) Schreiben befestigt mich in der Welt und befreit mich zugleich von ihr.

Schreiben: Beantworten Sie für sich die Fragen und verfassen Sie einen kurzen Text. Stellen Sie sich damit einem anderen Menschen vor, der Sie nicht kennt.

Wiederholen: Führen Sie dieses Interview mit einem Menschen, der Ihnen nahe steht. Stellen Sie ihm die vier Fragen. Schreiben Sie einen Text dazu, und lesen Sie ihn demjenigen vor. Findet er sich darin wieder?

Holen Sie einen anderen Menschen zu sich heran. Lassen Sie ihn etwas über sich erzählen und üben Sie sich ein in Empathie.

Auf meinem Schreibtisch steht ein Bild meiner Oma. Ich höre, wie sie sagt: *Lass das nach, Deern!* Gemeint hat sie: *Lass es sein, Mädchen!*

Gleichzeitig kann ich mir vorstellen, welche Gedanken ihr dazu vermutlich durch den Kopf gegangen sind: *Das Kind muss lernen zu gehorchen ...*

Heute kann ich sie verstehen. Sie wollte mich wohl nur beschützen.

Geben auch Sie Ihrer Person eine innere und eine äußere Stimme. Schalten Sie Ihre rationale Wahrnehmung für einen Moment aus und verschmelzen Sie mit Ihrer Figur. Heben Sie die Grenzen auf. Nähern Sie sich an und entfernen sich beim Schreiben wieder.

Sie haben es in der Hand, den Stoff Ihres Lebens zu gestalten. Aus meiner Biografie habe ich einige Stichworte als Beispiele in eine mögliche Liste von Lebensthemen eingefügt, die natürlich unerschöpflich sind. Ich hoffe, ich bringe Sie auf Ideen. Auch wenn Sie ganz andere Erfahrungen als ich gemacht haben, geht es doch immer um die Frage, wie Sie die eigenen Lebensinhalte zu sich und anderen transportieren können.

Hintergrund: Lebensthemen – Beispiele

Geburt, Sexualität, Liebe, Tod: Geburt des Bruders, frühreif, erste Liebe, die tote Oma;
Arbeit, Geld, Macht: der erste Ferienjob, Kredit für ein Motorrad, der Chef fragt nicht zwei Mal;
Aggression, Angst, Krankheit, das Böse: Türenknallen, Versteck hinter dem Schrank, Mandeloperation, der nette Onkel;

Politik, Kinder, Familie, Freunde, Gott: Willy Brands Kniefall in Warschau, sieben Geschwister, Scheidungskind, Gummitwist mit Freundinnen, Konfirmation;
Kreativität, Schreiben, Lesen: blühende Fantasie, die mühsame erste Seite, sich durch die Kinderbücherei lesen.

Wir alle nehmen im Alltag verschiedene Rollen ein. In uns haben wir einen Chor von Stimmen. Oft setzen wir uns auch bewusst eine Maske auf und geben uns als eine andere Person aus.

Schreibimpuls (2)
Persona – oder – Maske

Vorbereitung: Gehen Sie in einen Park oder schlendern Sie durch eine Fußgängerzone. Sammeln Sie Gesichter und notieren Sie kurz, was Sie sehen. Die Personen sollten es aber besser nicht bemerken. Vielleicht blättern Sie auch lieber in einer Zeitschrift. Bei welchem Gesicht oder bei welchem Bild bleiben Sie hängen? Arbeiten Sie damit weiter.

Schreiben (1): Erstellen Sie einen Steckbrief Ihrer Person. Lassen Sie ihn klingen wie in einem alten Western: Vorname, Name, Alter, Wohnort? Äußere Beschreibung, Gestalt, Kleidung? Besondere Merkmale? Ihr Vergehen? Welche Belohnung ist ausgesetzt?

Schreiben (2): Was sagt der Polizeichef oder eine andere offizielle Person über Ihre Figur?

Schreiben (3): Wie äußert sich der Nachbar? Er kennt Ihre Figur nur vom Sehen, hat flüchtig mit ihr Kontakt.

Schreiben (4): Was erzählt eine Arbeitskollegin oder was ein Sporttrainer? Jemand, der regelmäßigen Umgang mit ihrer Figur hat, aber nicht eng mit ihr befreundet ist.

Schreiben (5): Geben Sie zum Schluss Ihrer Person eine eigene Stimme. Was sagt sie über sich selbst, auch und vor allem über ihr Vergehen?

Wiederholen: Suchen Sie sich eine andere Person und lassen Sie diese stumm mit sich selbst reden. Steigen Sie in ihren Kopf und schauen Sie spielerisch durch die Augen des Anderen. Statten Sie ihn mit Gefühlen, Wünschen und Handlungen aus.

Lesen Sie in Gesichtern und beobachten Sie die Mimik. Vielleicht blitzt kurz Ärger auf. Wenn sich ein Lächeln in den Mundwinkeln breitmacht, aber nicht in den Augen zeigt, ist es nicht ehrlich.

Wir kennen andere erst dann, wenn wir einen Tag in ihren Schuhen gelaufen sind. Das soll ein Sprichwort der amerikanischen Ureinwohner sein. Riskieren Sie es, andere Schuhe auszuprobieren.

Überlegen Sie sich Namen für die Personen, die Ihnen auffallen. *Mein Name ist Elisa. Ich bin Markus.* So ist es leichter, ihnen eine Stimme zu geben.

Denken Sie daran, die Mimik in einem Gesicht gibt auch immer eine Stimmung wieder.

Der lateinische Ausdruck *persona* „(aus per und sonare, vgl. J. Grimm kl. schriften 3, 370)" bedeutete ursprünglich die Maske, die den ganzen Kopf des Schauspielers bedeckte. Diese besaß wie ein Schnabel eine trichterförmige Mundöffnung, um die Stimme zu verstärken. Mit *persona* wurde aber auch die Rolle bezeichnet, die der Schauspieler übernahm, sowie gleichzeitig die fremde Person, die der Schauspieler verkörperte und auch der Schauspieler selbst in seiner Rolle. [4]

Schlüpfen Sie in diese verschiedenen Bedeutungen hinein. Wie verändert sich Ihr Denken und Handeln, wenn Sie auf der Bühne stehen? Was passiert mit Ihrer inneren Stimme? Welche Rolle spielen Sie? Und wo bleiben Sie selbst als Persona?

Sammeln Sie mithilfe des Clustering alles, was Ihnen einfällt, auch wenn es nicht zum Thema gehört. Cluster ist ein Begriff aus dem Englischen und bedeutet Büschel oder Traube. Es stärkt das bildliche Denken. Auf Seite 26 finden Sie ein Beispiel.

Hintergrund: Clustering

Notieren Sie rund um ein Kernwort (im Beispiel „Erste Liebe") Ihre Gedanken und Ideen auf einer leeren Seite und umkreisen Sie diese. Damit regen Sie Ihre kreative Gehirnhälfte an, die für das bildliche Denken zuständig ist.

Lassen Sie sich treiben, schalten Sie den Verstand für den Moment aus. Hüpfen Sie mit dem Stift hin und her. Lustvoll wild. Seien Sie spon-

---

4   Nach Deutsches Wörterbuch von Jacob Grimm und Wilhelm Grimm, https://woerterbuchnetz.de/?sigle=DWB&lemid=P01991

tan. Gleichzeitig bündeln Sie Ihre Gedanken unbewusst. Verbinden Sie Ihre Einfälle durch Striche, vor allem solche Ideen, die scheinbar nicht zusammen gehören.

Clustern Sie ungefähr zehn Minuten. Dann werden Sie ein Muster erkennen. Sie können erahnen, wo der Schwerpunkt Ihres Textes liegt. Über das Netz kommen Sie zu Bildern, die Sie als Ganzes erfassen können.

Das Cluster ist eine gute Methode, bei einem Thema in die Tiefe zu gehen. Ich sammele oft vor dem Schreiben damit möglichst viel Material. Clustern ist nicht-linear und zeigt Freiräume auf, an die wir vorher nicht gedacht haben.

Zu wissen, was andere fühlen, ist die Grundlage der Menschenkenntnis und auch für jeden Text.

Nehmen Sie die versteckten sozialen Signale wahr, die Ihnen anzeigen, was ein anderer braucht oder wünscht.

Wehren Sie sich nicht, wenn Sie feststellen, dass Sie etwas von sich selbst hinzufügen. Es ist unausweichlich.

Durch das Schreiben befestigen Sie Ihre Geschichten so im Leben, dass sie für sich selbst sprechen können.

Sie sind befreit von Rache, Hass oder Schuld, obwohl Ihre Texte natürlich all das als Thema haben können.

Geschichten sind nicht das Leben, auch wenn der Leser sie dafür hält. Geschichten sind *wie* das Leben.

Schreibimpuls (3)
Lebensthemen I

Vorbereitung: Bei welchen Lebensthemen zu den Beispielen auf den Seiten 18 – 19 haben Sie eigene Ideen? Notieren Sie zehn Minuten alles, was Ihnen in den Sinn kommt. Benennen Sie anschließend die Themen stichwortartig und erstellen Sie eine nummerierte Liste. Bitten Sie jemanden, Ihnen drei Zahlen zu nennen. Verraten Sie nicht, um welche Themen es sich handelt. Es ist leichter, sich nicht selbst entscheiden zu müssen. Auch wenn Ihnen das Thema auf den ersten Blick nicht schmeckt, überwinden Sie Ihren Widerstand. Je größer, desto besser. Lassen Sie sich auf Ungewohntes ein und genießen Sie Ihr Abenteuer. Sammeln Sie zunächst Ideen zu Ihrem Thema mit der Methode des Clustering.

Schreiben: Wählen Sie aus dem Cluster ein Ereignis aus. Springen Sie hinein in die Situation, schreiben Sie einen Text von zwei Seiten.

Bearbeiten: Lesen Sie sich das Geschriebene laut vor. Versuchen Sie, den Text zu strukturieren und ihm Anfang, Mittelteil und Schluss zu geben.

Gestalten: Führen Sie sich die Einzelheiten Ihres Schauplatzes vor Augen. Wie riecht es dort? Was hören Sie? Erinnern Sie sich an Personen, die dabei waren? Bauen Sie die Details in Ihren Text ein.

Wiederholen: Suchen Sie sich selbst ein Lebensthema aus, das Ihnen sympathisch ist, und gehen Sie genauso vor. Wie unterscheiden sich die beiden Texte?

Aus dem Lebensthema „Erste Liebe" ist für meinen Band „Wir vom Jahrgang 1957 – Kindheit und Jugend" die folgende Geschichte entstanden:

Beispiel: Erste Liebe [5]

Im Freibad lag sie wie immer im Schatten unter den alten Eichen. Vorhin hatte er ihr von der anderen Seite der Hecke zugesehen, wie sie das lilafarbene Batikkleid über den Kopf zog. Darunter trug sie schon den gelben Badeanzug. Sie drehte sich auf den Bauch und schloss die Augen. Plötzlich berührte sein Blick ihre Schultern, wanderte über den Nacken zum Ohr und kitzelte sie. Sie wandte sich um, öffnete die Augen und schaute in sein Lachen. „Geh'n wir schwimmen?", fragte er.

Er stand direkt vor ihrer Liegedecke und neigte den Kopf zur Seite. Sie gingen nebeneinander zum Becken. Schnell sprang sie ins Wasser, damit er sie nicht weiter so ansah. Er blieb an der Bank stehen. In der Hand hielt er eine brennende Zigarette, die Schachtel steckte an der Seite in seiner Badehose.

---

5 Jutta Weber-Bock, Wir vom Jahrgang 1957 – Kindheit und Jugend, 10. Auflage, Gudensberg-Gleichen, 2020, Seite 52 f.

Auf dem Rücken kraulte sie durch das Becken und sah in den blauen Himmel. Warum kam er nicht ins Wasser? Als sie aus dem Becken kletterte, reichte er ihr das Handtuch, das er wohl von ihrer Decke geholt hatte.

Später ging er neben ihr, und sie schob ihr Rad, froh über einen Platz für ihre Hände. Nur gut, dass sie heute keine Hotpants angezogen hatte. Er trug Schnurrbart und Brille, Jeans und Turnschuhe und sagte: „Morgen habe ich das Auto von meinem Vater, hast du Lust auf eine Spazierfahrt?" Sie nickte und verschwieg, dass sie erst fünfzehn wurde.

Zu Hause legte sie von Miguel Ríos „A song of joy" auf, der dafür den Goldenen Löwen bekommen hatte. Wieder und wieder hörte sie den Song und lag dabei im Freibad unter den alten Eichen.

Dieses Lied spukt mir heute noch im Kopf herum. Ich besaß damals einen eigenen Koffer-Plattenspieler und kaufte mir die Single von meinem Taschengeld, nachdem ich das Lied im Radio gehört hatte. In mir war eine große Liebessehnsucht, aber noch ohne ein Ziel.

„A song of joy" war für mich ein Schlüsselerlebnis, aus dem sich die Schlüsselgeschichte „Erste Liebe" entwickelt hat, denn auf einmal gab es jemanden, an den ich meine Gefühle richten konnte.

Auf der nächsten Seite finden Sie ein Cluster, das ich als Vorarbeit zum Text erstellt habe:

Beispiel für ein Cluster

Schauplatz und Personen habe ich in meinem Beispiel wirklichkeitsgetreu wiedergegeben. Meine Erinnerung weicht davon ab, aber ich bin mir nicht sicher, ob ich ihr trauen kann. Das heißt jedoch nicht, dass die Geschichte nicht wahr ist. Geschichten sind niemals so passiert, wie sie erzählt werden. Sie müssen den Anschein von Wahrheit erwecken, aber nicht wahr sein.

„Die Ilias ist kein Abbild der Wirklichkeit. Homer nutzt Wirklichkeit als Mittel der Gestaltung."[6]

Wie bin ich beim Schreiben der Geschichte „Erste Liebe" vorgegangen? Ich habe zunächst ganz klassisch Material gesammelt und die Erinnerung über das Clus-

---

6   Hinweisschild in der Ausstellung Troia – Traum und Wirklichkeit,
    17.03. – 17.06.2001, Archäologisches Landesmuseum
    Baden-Württemberg, Stuttgart.

tering in Gang gesetzt. Wobei das abgedruckte Cluster meine Notizen nur ansatzweise widerspiegelt. In der Realität ist es sehr viel chaotischer und komplexer.

Anschließend bin ich mit dem Schreiben mitten in die Situation hineingesprungen. Eine erste Textfassung ist dabei entstanden. Diese habe ich mehrmals überarbeitet und gestaltet. Die Ich-Perspektive wollte ich nicht verwenden und sie wurde auch vom Verlag ausdrücklich nicht gewünscht. Die Du- oder Wir-Perspektive zu benutzen wie in anderen Texten, erschien mir nicht passend. So habe ich eine Sie-Erzählerin kreiert.

Im Freibad, das es heute nicht mehr gibt, standen damals alte Kastanienbäume, die viel Schatten spendeten. Mir kamen aber auf einmal Eichen in den Sinn. Das Wort klingt weicher und passt besser zur ersten Liebe. So habe ich die alten Eichen an den Anfang gestellt und bin am Schluss darauf zurückgekommen.

Das Alter meiner Sie-Erzählerin musste ich für den Jahrgangsband hochsetzen, sonst hätte es womöglich Ärger gegeben.

Für die Geschichte habe ich auf meinen hellgelben Badeanzug zurückgegriffen, denn neben dem Text sollte ein Foto eingefügt werden. Das Bild im Jahrgangsband ist deutlich früher aufgenommen, als die Geschichte spielt. Ich erinnere mich deutlich, dass ich im Freibad damals einen Bikini trug.

So weit ein Einblick in meine Schreibwerkstatt und in das Verhältnis von Wahrheit und Dichtung. Der Text hat eine autobiografische Matrix, die ich für Sie ein wenig offengelegt habe.

Fragen Sie sich bei Ihren eigenen Geschichten, welche Form der Darstellung für Sie stimmig ist. Im folgenden Schreibimpuls stelle ich Ihnen eine Idee vor, an die sich eine weitere Kreativtechnik knüpft, das Écriture automatique. Es kann Ihnen wie das Clustering beim Sammeln von Ideen weiterhelfen.

Schreibimpuls (4)
Lebensthemen II

Vorbereitung: Suchen Sie sich zwei andere Lebensthemen und bringen Sie diese zusammen, auch wenn sie zu verschiedenen Zeiten oder Orten geschehen sind. Verknüpfen Sie zum Beispiel die Scheidung der Eltern mit einer kinderreichen Familie. Schaffen Sie eine Situation. Sie muss nicht real, aber möglich sein. Vorschlag: Wie fühlt sich das einsame Scheidungskind, wenn es bei der Gummitwistfreundin klingelt, die sechs Geschwister hat?

Schreiben: Entwerfen Sie einen kurzen Text und umreißen Sie die Situation. Wechseln Sie zwischen dem inneren und dem äußeren Erleben.

Bearbeiten: Greifen Sie ein Stichwort aus Ihrer Skizze heraus, zum Beispiel Schule. Stellen Sie einen Wecker auf zehn Minuten. Schreiben Sie zu Ihrem Stichwort, und zwar von Hand, bis es klingelt. Achten Sie nicht auf Rechtschreibung, Schönschrift oder Grammatik. Setzen Sie den Stift nicht ab. Schreiben Sie alles auf, was Ihnen einfällt, auch wenn es auf den ersten Blick nicht zum Thema gehört. Wichtig ist der Schreib-fluss. Er öffnet Ihre Kreativität. Stocken Sie, schreiben Sie so lange ein beliebiges Wort, wie Tafel oder Lehrer, bis sich der Schreibfluss wie-der einstellt.

Gestalten: Ergänzen Sie Ihren Text und bauen Sie etwas zum Thema Schule ein. Arbeiten Sie Ihr Material zu einer Geschichte von drei bis fünf Seiten aus. Führen Sie sich noch einmal vor Augen, dass eine Geschichte einen Anfang, ei-nen Mittelteil und einen Schluss hat.

Nutzen Sie jede Gelegenheit, die sich Ihnen bietet, und folgen Sie Ihrem Stift. Seien Sie gespannt, wohin er sie führt. Es geht bei diesem Écriture automatique um die Aufhebung zwischen Ding- und Traumwelt.

Hintergrund: Écriture automatique

Das logische Denken unserer linken Gehirn-hälfte ist uns beim Schreiben im Weg. Durch den steten Schreibfluss aktivieren Sie Ihre kre-ative rechte Gehirnseite und das Schreiben kann neuen Wegen folgen. Bei Linkshändern sind die beiden Gehirnhälften vertauscht.

Die französischen Surrealisten Breton und Soupault haben mit der Technik des Écriture automatique immer wieder experimentiert. Sie änderten ihre Schreibgeschwindigkeit, schrie-ben bis zur totalen körperlichen Erschöpfung und bis zu Halluzinationen.

In einer Gruppe haben wir mal eine ganze Stunde geschrieben. Ich war fasziniert, wie Schreiben und Denken sich dabei verändert haben. Danach habe ich einen anderen Blick auf die Welt geworfen.

Sie holen mit dieser Schreibtechnik des automatischen Schreibens Assoziationen aus den Tiefenschichten Ihres Gehirns hervor, an die Sie sich rational nicht erinnern können.

Elemente des Écriture automatique lassen sich zum Beispiel bei Kafka oder Döblin finden.

Wenn Sie schreiben, werden Sie immer wieder (nicht immer, aber immer öfter) auf Ihre dunklen Seiten stoßen. Über diese Mauer zu klettern, können Sie nur selbst. Das Schreiben kann Ihnen dabei helfen. Täglich, regelmäßig. Nur schreiben, niederschreiben, was Sie bewegt, Sie ängstigt, Ihnen Freude macht. Keine Theorie, kein Handwerk kann Ihnen das abnehmen oder gar ersetzen.

Beantworten Sie für sich die Frage: Welche Punkte im eigenen Leben sind für einen Leser interessant? Steigen Sie in einen Paternoster und haben Sie den Mut, im letzten Stock nicht auszusteigen.

Schreibimpuls (5)
Paternoster in die Vergangenheit

Vorbereitung: Machen Sie einen Ausflug in die Vergangenheit. Teilen Sie ein Blatt Papier in vier Spalten ein. Notieren Sie in der ersten das Jahr, über das Sie schreiben möchten, in der zweiten Reihe tragen Sie dazu Ihr eigenes Alter ein, die dritte Spalte nimmt Persönliches auf, was Sie selbst in dieser Zeit erlebt haben und in der vierten und letzten Kolumne findet Eingang, was in der Welt vorgegangen ist. Füllen Sie acht oder zehn Zeilen.

Schreiben: Suchen Sie sich ein Lebensjahr aus. Schreiben Sie einen längeren Text dazu. Achten Sie auf Anfang, Mittelteil und Schluss. Wechseln Sie von Ihren Gedanken in die Außenwelt und wieder zurück. Berücksichtigen Sie, dass ein Leser immer am Moment der Veränderung interessiert ist. Fahren Sie in Ihrer Vorstellung Paternoster. Jedes Mal bei der Fahrt nach oben, sozusagen von unten herauf, keimt eine Hoffnung und Sie holen neue Dinge ans Licht. Auf dem Weg nach unten denken Sie darüber nach, was Sie erlebt haben. Ein Wechsel zwischen der Außen- und der Innenwelt.

Wiederholen: Wählen Sie ein anderes Lebensjahr und wiederholen Sie den Schreibimpuls. Wie wäre es, wenn Sie aus dem Paternoster vor dem oberen oder unteren Endpunkt immer im letzten Moment aussteigen? Erzählen Sie davon, wie es Ihnen geht und wie Sie Ihre Angst überwinden.

Mit dem Schreiben stoßen Sie, wie bei der Fahrt mit dem Paternoster, einen ewigen Kreislauf an. Die Ausblicke und die Erkenntnisse sind jeweils neu, sobald Sie die Wendepunkte durchlaufen haben. Trauen Sie sich.

Hintergrund: Figuren – Personen – Charaktere

In der Alltagssprache unterscheiden wir nicht zwischen Figuren, Personen und Charakteren. Beim Schreiben einer Geschichte nehmen sie aber ganz unterschiedliche Bedeutungen an:

- **Figuren**: Sie sind Schatten, bleiben Schemen, sind Spielfiguren; sie haben kein eigenes Leben; als Statisten sind sie aber Salz und Pfeffer zugleich in einer Geschichte, geben der Handlung einen unverwechselbaren Geschmack.
- **Personen**: Sie besitzen einen Körper und ein Aussehen; sie haben greifbare Gefühle, lieben und hassen; als Nebenfiguren stoßen sie Handlungen und Konflikte an; sie sind ein Stachel im Fleisch der Geschichte.
- **Charaktere**: Sie bekommen Konturen durch Entscheidungen und müssen dafür in die Enge getrieben werden; sie handeln und haben ein dezidiertes Innenleben; sie tragen als Hauptfiguren die Konflikte aus und bringen die Handlung zu einem Ende.

Für Geschichten, ganz gleich welcher Art, brauchen Sie immer Schauspieler, die wie auf einer Bühne das Stück spielen und Ihre Ideen umsetzen. Probieren Sie es aus, wie Sie die Menschen aus Ihrem Leben plastisch gestalten können.

Ihre Persona aus dem Steckbrief war nicht immer so. Denken Sie an die Zeit vor ihrem Vergehen, an einen liebenswerten Menschen, der sie unterstützt und ihr Liebling ist. Schöpfen Sie aus dem Stoff Ihres Lebens.

Schreibimpuls (6)
Lieblinge

Vorbereitung: Machen Sie eine Liste von Menschen, die in Ihrem eigenen Leben eine Rolle gespielt haben oder spielen. Klammern Sie Ihre nächsten Verwandten wie Eltern oder Geschwister aus. Nehmen Sie stattdessen Tanten, Onkel, Großeltern, Nichten und Neffen. Suchen Sie eine Person aus, die Sie immer besonders gerne mochten. Sammeln Sie Material zu Ihrem Liebling mithilfe des Clustering und erkunden Sie die Person.

Schreiben: Sie haben jetzt zum Beispiel das Innenleben Ihrer Lieblingstante Elfi vor Augen. Geben Sie ihr nun ein anderes Aussehen. Sie können auf ein Gesicht aus dem Schreibimpuls (2) zurückgreifen oder auf jemand anderen. Bringen Sie Ihre Lieblingstante mit Ihrer Steckbriefpersona in einer Situation zusammen. Springen Sie direkt in die Handlung hinein.

Stellen Sie Ihre Lieblingstante am **Anfang** in drei Sätzen vor. Was treibt die Person um, womit setzt sie sich auseinander? Schreiben Sie im **Mittelteil** ungefähr eine halbe Seite. Zeigen Sie Ihre Steckbriefpersona und Ihre Lieblingstante zusammen in einer Situation. Bringen Sie am **Schluss** in drei Sätzen auf den Punkt, was am Ende anders ist, ohne es direkt auszusprechen.

Überarbeiten: Lassen Sie den Text ein paar Tage liegen und lesen Sie ihn sich dann laut vor. Was fällt Ihnen noch ein? Ändern Sie den Text und bringen Sie Anfang und Ende in einer Kreisbewegung zusammen.

Wiederholen (1): Erstellen Sie eine Liste von Bekannten, Nachbarn oder Arbeitskollegen. Alle sollten in Ihrem Leben auf die eine oder andere Weise wichtig gewesen sein und vielleicht sind sie es noch immer. Führen Sie sich ihr Aussehen vor Augen.

Wiederholen (2): Nehmen Sie eine Person aus Ihrer neuen Liste Wiederholen (1) und schreiben Sie zu ihr als Liebling. Geben Sie ihr Gesicht und Gestalt einer anderen Person von Ihrer Liste. Weiten Sie den Textumfang aus.

Figuren, Personen und Charaktere bilden zusammen das Herzstück Ihrer Autobiografie. Bestimmt sind Ihnen im Laufe der Jahre einige Originale begegnet. Diese sind immer etwas zwiespältig. Hier das Beispiel einer Person, die mich sehr beeindruckt hat und die sich gut als Charakter für eine längere Geschichte eignen würde.

Beispiel: Frauenchiemsee

Die Regel ist Regel und hält sich an die Regel des heiligen Benedikt. Dreiundsiebzig Mal. Schwester Scholastica mit ihren runden Wangen rückt ihre Brille gerade und fügt eine hinzu: „Du sollst dich nicht erwischen lassen." Sie verankert die Regel im Jetzt und Hier und Jetzt. Erst mit neununddreißig kam sie auf die Insel und ins Kloster. Es ist nicht lebenslänglich, aber hinlänglich. Eine Nonne wird nicht versetzt.

Winter klebt an der Insel. Himmel und Erde sind unkeusch und vereinen sich vor deinen Augen am Horizont. Wellenkämme, dahinter eine helle Spur, die Fahrrinne liegt verlassen. Ein schwarzer Fleck schaukelt im Wasser, taucht ab und wieder auf. Blesshuhngetue. An den Forsythien hängt Schnee, die Amsel aber ist längst im Frühling. Im gelben Wagen umrundet die Post die Insel, unzustellbar. Wellen treffen immer auf ein Ufer, die Bewegung der Erde. Die Linde hat ihre Knospen wieder eingefroren. [...]

Dein Blick tanzt auf den Wellen, das Schiff ist vorbeigefahren. Hinter dir spielt das Kind nicht mehr, du bist verschwunden, denn eine Rücksicht kennt die Insel nicht.

Kalt und nass ist die Bank am Ufer. Wellen verirren sich zwischen zwei Stegen. Blesshuhnspuren im frischen Schnee, gegenläufige Pfeile im Kreis.

Du schmeckst den Worten nach, die Schwester Scholastica dir auf den Weg mitgegeben hat. Die Insel habe keine Ausfahrt, sie schleife den Menschen ab, sei eine ständige Meditation, nur unterbrochen durch das Schlagen der Wellen, wenn ein Schiff anlege. Man besitze nichts, aber es könne einen auch nichts mehr besitzen.

Und doch könne man nutzen, was da ist. „Wenn Gott dir eine Zitrone gibt, mach daraus Limonade", hat Schwester Scholastica gesagt, das Smartphone aus dem schwarzen Gewand geholt und die Beine übereinandergeschlagen.[7]

An die Einzelheiten einer Begegnung erinnere ich mich meistens durch ein paar Notizen. So bleibt ein Eindruck hängen. Ich kann ihn vertiefen, wenn ich eine der Kreativitätstechniken nutze. Oder Sie machen sich Notizen im Kopf und schulen so Ihre Beobachtungsgabe. Das funktioniert besonders gut, wenn Sie die Person etwas länger vor Augen haben.

Vermischen Sie beim Schreiben Wahrheit und Dichtung miteinander und geben Sie der Figur eine innere Stimme, die nicht mit Ihrer eigenen identisch ist. Fühlen Sie sich ein in die Anderen und holen Sie sie zu sich heran. Hören Sie nicht nur, was jemand sagt, sondern auch wie er oder sie spricht.

Schreibimpuls (7)
Tirade

Vorbereitung: Nehmen Sie zum Üben eine Person von Ihren Listen aus dem Schreibimpuls (6). Sie können aber auch auf jemand anderes zurückgreifen.

Schreiben: Schreiben Sie einen Monolog. Nutzen Sie die Form der Tirade. Die Person hat eigentlich

---

7   Jutta Weber-Bock, Frauenchiemsee, in: Mauerläufer, Hier schließt sich kein Kreis, Inseln. Klöster. Zirkel. Zellen. Literarisches Jahresheft, Ravensburg, 2017, Seite 128 ff.

nichts Wichtiges zu sagen, aber sie ist geschwätzig und ertränkt ihre Zuhörer mit einem Wortschwall. Trotzdem versteht sie es, Sympathie zu erwecken. Man kommt ihr erst nach einer Weile auf die Schliche.

Erfinden Sie, das heißt, die Person ist real, was sie aber in der zusammengeballten Form sagt, kann nur ausgedacht sein.

Wiederholen: Wiederholen Sie den Schreibimpuls mit einer weiteren Person. Feilen Sie an Ihrem Text.

Möglicherweise haben Sie diese Person im Laufe der Zeit sogar öfter erlebt. Sie erfinden also nicht die Situation, von der Sie erzählen, sondern den Monolog. Niemand kann sich wortwörtlich an eine Tirade erinnern, sondern diese ist den Erlebnissen nachempfunden.

Erfinden heißt also nicht, dass Sie sich etwas ausdenken, was es gar nicht gegeben hat, sondern darin, dass Sie Räume, Personen und Gegenstände miteinander kombinieren, obwohl diese so nie zusammengekommen sind. Darin besteht die freie Fantasie.

Ich habe Ihnen einen Auszug aus meinem ersten historischen Roman mitgebracht. Die Figuren hat es gegeben. Der Umstand, dass der Bürgermeister nicht anerkannt wurde, ist überliefert. Die Situation jedoch ist erfunden.

Beispiel: Elisabeth Hehl[8]

„Fünfzig Jahre!" Elisabeth Hehl klatschte eine Kelle Linsen auf Christianes Teller. „Ein halbes Jahrhundert hat er die Geschicke der Stadt gelenkt. Vater Hehl. Und wer ist heute Oberbürgermeister? Feuerlein. Nach zwölf Monaten im Amt, vertretungsweise."

Zwei Saiten landeten auf Christianes Teller und drohten abzustürzen. Sollten sie. Alles brach zusammen.

„Amalie! Wo bleiben die Spätzle? Sie müssen verrührt werden mit den Linsen. Eine neue Sitte nach der anderen. Und du, Christiane, was denkst du dir dabei, die Kartoffelrädchen derart dick zu schneiden? Habe ich dir denn nichts beigebracht in deinem Leben? [...]"

„Aber Maman, [...] wie hätte ich sonst ein guter Mensch werden können. [...] Und Ihr Kartoffelsalat ist der beste."

„Ich weiß sehr wohl, wann du mir schöntust. [...] Es ist Feuerlein, der den Titel Oberbürgermeister trägt. Aus der Zeitung musste ich es erfahren. Ich, eine verheiratete von Hehl und eine geborene von Klein. Der König weiß gar nicht, was er an unserem Vater Hehl gehabt hat. Fünfzig Jahre hat er sich aufgeopfert. Alles hat er beiseitegeschoben, selbst sein Enkelkind."

Sie nahm Christiane in den Arm, verbarg den Kopf an ihrer Schulter und schluchzte. [...]

---

8 Jutta Weber-Bock, Das Mündel des Hofmedicus, Messkirch, 2020, Seite 337.

Sie können mit einer Klammer arbeiten, um die Person zu kennzeichnen. Durch die Wiederaufnahme von Einzelheiten, die Sie mit neuen Elementen anreichern können, schaffen Sie beim Leser Einfühlungsvermögen. Und mithilfe von Wortwiederholungen entlarvt sich die Person selbst. „Fünfzig Jahre ...", sagt Elisabeth Hehl.

Sie meint es nicht ehrlich, auch wenn sie so tut. Sie tritt als Liebling auf, ist aber eher das Gegenteil. Versuchen Sie sich daran, beim Schreiben mit Menschen und ihren dunklen Seiten umzugehen. Letztlich sind sie die interessanteren Charaktere in unserer Biografie. Wir erinnern uns an sie besonders gut, weil es ihr Faible war, einen Eklat zu provozieren.

Schreibimpuls (8)
Steinbruch: Scheusale sammeln

Sammeln (1): Hexen und Halunken gibt es überall, in Familien, Firmen oder in der Nachbarschaft, im Freundeskreis und in Vereinen.

Finden Sie Scheusale in verschiedenen Lebensbereichen. Ich habe im Steinbruch auf Seite 42 einige als Überschriften definiert. Sie müssen nicht alle Kästchen ausfüllen. Wenn Ihnen weitere Ideen zu sozialen Gruppen einfallen, können Sie diese natürlich für sich hinzufügen.

Sammeln (2): Wählen Sie spontan eine Person aus und erkunden Sie das Innenleben mithilfe des Écriture automatique. Geben Sie der Figur das Gesicht eines anderen Halunken.

Schreiben: Schreiben Sie eine Geschichte mit Anfang (½ Seite), Mittelteil (eine Seite) und Schluss (½ Seite). Ihr Figurenteam: Das Scheusal mit dem fremden Gesicht und Ihre Steckbriefpersona aus dem Schreibimpuls (2). Welchen Konflikt haben die beiden miteinander? Schreiben Sie in der Ich-Perspektive. Wer soll erzählen und als Ich auftreten?

Bearbeiten: Schreiben Sie Anfang und Schluss neu in der Sie- oder Er-Perspektive. Wie ändert sich Ihre Geschichte?

Gestalten: Wenn erwachsene Menschen miteinander umgehen, sind sie niemals nur Täter oder Opfer, sondern immer beides. Die Leser interessiert die dunkle Seite einer Person: Wie ist einer geworden, was er ist? Wie bringt sich eine Person (vielleicht ein Leben lang) in die Opferrolle und weist den anderen die Schuld daran zu? Und warum tut jemand das? Nehmen Sie Ihre Überlegungen in den Text auf. Denken Sie daran, Ihre Steckbriefpersona hatte ein Leben vor ihrem Vergehen. Hat vielleicht Ihr Scheusal Anteil daran, wie es Ihrer Steckbriefpersona ergangen ist?

Erinnern Sie sich an Menschen aus Ihrem Leben, die jemanden für ihr Anliegen eingespannt haben. Sie haben sich abwertend über ihn geäußert, um sich selbst zu erhöhen. Wenn sie mit ihrem Wortschwall begannen, wusste jeder, worum es ging.

Den Steinbruch habe ich mit unterschiedlichen Überschriften immer dann ausgefüllt, wenn ich mich neu verorten musste. Ich habe aufgesammelt, was auf dem Boden lag und manchmal auch einen kleinen Hammer genommen, um mir Brocken abzuschlagen. Jedes Mal ergab sich ein anderer Blick auf das Hier und Jetzt.

Notieren Sie alles, was Ihnen einfällt. Werten und sortieren Sie nicht. Lassen Sie alle Assoziationen zu, auch wenn sich der Sinn erst später erschließen mag.

Mein Schreiblehrer Paul Schuster hat diese Methode Fischteich genannt. Ich finde es eine schöne Metapher dafür, wie wir uns Themen und in diesem Fall Menschen aus dem Leben angeln können.

Viele Schriftstellerinnen und Schriftsteller haben sich zum Schreiben Listen oder Zettelkästen angelegt. Arno Schmidt ist sogar berühmt geworden mit seinem Buch „Zettels Traum"[9], in dem er in drei Spalten verschiedenen Erzählsträngen und Assoziationen folgt. Werfen Sie mal in einer Bibliothek einen Blick hinein, es ist sehr beeindruckend.

Sammeln Sie selbst auch Material, und legen Sie sich Listen oder Zettelkästen zu Personen, Schauplätzen und Konflikten an. Sie dürfen ruhig weniger Aufwand als Arno Schmidt mit seinen hundertzwanzigtausend Notizzetteln betreiben.

Lassen Sie sich durch den Steinbruch auf der nächsten Seite treiben und erkunden Sie die Lebensbereiche von Scheusalen.

---

9   Arno Schmidt, Zettels Traum (Bargfelder Ausgabe), Zürich, 1986.

Beispiel für einen Steinbruch: Scheusale

Familie	Verwandtschaft	Kindergarten	Schule
Sportvereine	Nachbarschaft	Wohnviertel	Stadt
Arbeitsplatz	Kirche	Partei	Freundeskreis
Kleine Läden	Supermärkte	Kaufhäuser	Einkaufszentren
Reisegruppe	Hotel	Party	Theater
Kino	Kneipe	Demonstrationen	Bildungskurse

Der Steinbruch bietet Ihnen Möglichkeiten zur freien Assoziation, wenn Sie die Überschriften variieren. Sie können sich zum Beispiel auf die Orte Ihrer Kindheit konzentrieren.

Erstellen Sie einen eigenen Steinbruch und reisen Sie in Ihre Vergangenheit.

Schreibimpuls (9)
Kindheitsorte

Vorbereitung: Sammeln Sie mithilfe eines selbst konzipierten Steinbruchs Assoziationen zu verschiedenen Orten, die in Ihrer Kindheit wichtig waren und an die Sie sich gut erinnern. Suchen Sie sich einen Schauplatz aus. Welches Ereignis steht im Mittelpunkt?

Schreiben: Schreiben Sie wieder eine Geschichte mit Anfang (½ Seite), Mittelteil (eine Seite) und Schluss (½ Seite). Achten Sie dabei auf den ersten Wendepunkt am Ende des Anfangs und den zweiten Wendepunkt am Ende des Mittelteils, der die Auflösung (den Schluss) einleitet. Schreiben Sie zunächst wieder in der Ich-Perspektive.

Bearbeiten: Schreiben Sie Anfang und Schluss um in die Du-Perspektive. Können Sie andere Dinge in den Text hineinbringen als in der Ich-Perspektive?

Gestalten: Mischen Sie die Perspektiven.

Wiederholen: Suchen Sie sich einen anderen Ort aus und schreiben Sie dazu.

Wenn Sie sich mit einer Person oder einem Ort aus Ihrem Leben intensiver beschäftigen, merken Sie beim Schreiben schnell, dass Sie nicht alles erzählen können, was Ihnen in den Sinn kommt.

Seien Sie mutig, lassen Sie Lücken, die der Leser mit seiner Fantasie füllen kann. Helfen Sie ihm dabei, indem Sie den Text gestalten.

Machen Sie sich vor dem Schreiben ein Konzept, bei kürzeren Texten reichen Notizen. Halten Sie fest, was Sie erzählen möchten und wie Sie sich den Ablauf der Geschichte vorstellen.

Auch kurze Texte haben einen Spannungsbogen. Hilfreich finde ich es, selbst bei kleineren Szenen mit der dramatischen Maus zu arbeiten, auch wenn Sie diese vielleicht nicht komplett in der Geschichte zeigen.

Zeichnen Sie eine Maus von der Seite. Beginnen Sie links vorne am Kopf, zuerst die Schnauze, dann beide Ohren und ein Auge. Es folgt der Bogen des Körpers, der die Spannungskurve der Handlung zeigt. Nach dem höchsten Punkt, der sich etwas nach der Mitte befindet, fällt die Kurve ab und der Körper endet mit dem Hinterleib. Es fehlt nur noch der Schwanz. Fügen Sie vier Füße hinzu, damit Ihre Geschichte das Laufen lernt.

Ein klassischer Dreiakter, den Sie aus dem Theater kennen, funktioniert wie eine dramatische Maus.

Hintergrund: Spannungsbogen

Am Anfang gibt es ein **Primärereignis**, das die Geschichte in Gang setzt, wie zum Beispiel ein Gewitter, Regen oder ein Unfall. Es hat nichts mit der Handlung der Geschichte und den Figuren zu tun, sondern es passiert außerhalb. Folgen Sie dem Bogen weiter, gibt es nach knapp einem Drittel den **ersten Wendepunkt**.

44

Danach ist das Leben nie wieder so wie vorher für Ihre Figuren, die daran aktiv beteiligt sind. Denken Sie an einen ersten Kuss, wenn zwei sich verlieben.

Es folgt der **Höhepunkt** kurz nach der Mitte der Kurve. Die Ereignisse werden auf die Spitze getrieben.

Der abfallende Spannungsbogen beinhaltet den **zweiten Wendepunkt**. Geht es Ihrer Hauptfigur hier schlecht, gibt es ein Happy End, geht es ihr gut, endet die Geschichte nicht gut, so eine Faustregel. Der zweite Wendepunkt leitet die **Auflösung** der Geschichte nur ein, ist aber nicht identisch damit.

Lesen Sie Ihre letzten Texte noch einmal. Was passiert, wenn Sie von der Ich-Perspektive zur Du-Perspektive oder zu einem Sie- oder Er-Erzähler wechseln? Schauen Sie sich die Anfänge Ihrer anderen Geschichten an.

Der nächste Schreibimpuls zeigt Ihnen, wie Sie den Leser in eine Geschichte hineinziehen können und wie Sie sich im Schreibprozess die Freiheit geben, Lücken zu lassen.

Schreibimpuls (10)
Assoziatives Schreiben – verdreht [10]

Vorbereitung: Welche negativen Assoziationen haben Sie zu den Lieblingen aus dem Schreib-

---

10 Nach Gisela Schalk, Bettina Rolfes, Schreiben befreit, Bonn, 1986, Seite 82.

impuls (6)? Und welche positiven Gedanken verknüpfen Sie trotz allem mit den Scheusalen aus dem Schreibimpuls (8)?

Schreiben: Machen Sie sich Notizen und greifen Sie einen Gegenstand als Reizwort heraus. Es ist wie ein Stein, der aufs Wasser geworfen wird, weiter hüpft und Kreise zieht. Folgen Sie Ihrer Assoziationskette, bis die Figur in einem anderen Licht erscheint.

Vorlesen: Lesen Sie sich den Text selbst laut vor. An welchen Stellen fällt Ihnen noch etwas ein? Überlegen Sie, ob Sie die Lücken füllen oder bestehen lassen möchten.

Wiederholen: Nehmen Sie sich jeden Tag eine bestimmte Zeitspanne und wiederholen Sie den Schreibimpuls mit anderen Personen und neuen Reizwörtern. Folgen Sie Ihren Assoziationen, und erlegen Sie sich keine Beschränkungen auf. Entdecken Sie die verborgenen Seiten Ihrer Personen.

Gegenstände als Reizwörter bieten eine Möglichkeit, wie Sie in eine Geschichte hineinkommen und den Personen Grau- oder auch Farbtöne verleihen können. Dabei holen Sie emotionale Assoziationen hervor, die Sie so nie gesehen haben oder sehen wollten. Beginnen Sie Ihre Geschichte damit.

Besonders eindrücklich ist der erste Absatz in dem Buch „Ein Tag im Leben des Ivan Denissowitsch" von

Alexander Solzschenizyn: „Das Signal zum Wecken wurde, wie immer, um fünf Uhr morgens gegeben – durch einen Hammerschlag auf ein Stück Eisenbahnschiene, die bei der Kommandanturbrücke hing."[11]

Sie werden sofort von diesen ersten Zeilen in die Geschichte hineingezogen, weil sich eine Welt offenbart. Der Erzähler nimmt zum Geschehen eine Haltung ein, sagt aber nicht direkt, was er davon hält.

Gute Geschichten entstehen nur aus den Emotionen des Autors, sagt Patricia Highsmith.[12] Sie bezeichnet dies als persönliche Art des Schreibens, was beim Leser eine hohe Identifikationsmöglichkeit erzeugt.

Sie müssen nicht zu allem eine eigene Erfahrung haben. Wie bei Solzschenizyn kann sie aber hilfreich sein, um einen sinnlich fassbaren Anfang zu schreiben.

Hintergrund: Anfänge

Erzähltempo: „Der Eintritt in einen Roman ist wie der Aufbruch zu einer Bergtour: Man muss sich an einen Atem gewöhnen, an eine bestimmte Gangart, sonst kommt man bald aus der Puste und bleibt zurück", schreibt Umberto Eco.[13] Die Leser lernen also zu Beginn nicht nur den Erzähler kennen, sondern auch Tempo und Rhythmus seines Erzählens.

---

11 Lesetipp: Alexander Solzschenizyn, Ein Tag im Leben des Ivan Denissowitsch, München 1968, Seite 15.

12 Nach Patricia Highsmith, Suspense oder Wie man einen Thriller schreibt, Zürich, 1990, Seite 24 f.

13 Umberto Eco, Nachschrift zum Namen der Rose, München, 1984, Seite 49.

Konflikt: Mit dem Anfang können Sie eine heile Welt zeigen, die von einer drohenden Gefahr überschattet ist. Sie können aber auch sofort mit der Gefahr beginnen oder auf etwas Wichtiges hinweisen, das den Protagonisten erwartet: „Viele Jahre später sollte der Oberst Aureliano Buendía sich vor dem Erschießungskommando an jenen fernen Nachmittag erinnern, an dem sein Vater ihn mitnahm, um das Eis kennenzulernen." [14]

Versprechen: Der erzählende Anfang nimmt die Leser genauso an den Angelhaken wie ein Dialog. Beide versprechen etwas und schließen nach wenigen Minuten einen Vertrag.

Beispiel: „Sie war die einzige Frau in der ganzen Stadt, der es an diesem Montag in den Sinn kam, eine Chocoladentorte mit zweiundzwanzig Eiern zu backen. Sie war die Ausnahme. Elisabeth Hehl reckte sich." [15]

Mit diesen Gedanken der Antagonistin beginnt mein zweiter historischer Roman „Das Vermächtnis der Kurfürstin".

Die Leser wissen nach diesem ersten Satz, wie sie die Figur Elisabeth Hehl einschätzen müssen. Sie sind ihr im Schreibimpuls (7) und dem Beispiel auf Seite 38 schon begegnet. Elisabeth Hehl entlarvt sich in diesen ersten Sätzen selbst.

---

14 Lesetipp: Gabriel García Márquez, Hundert Jahre Einsamkeit, Köln, 2017, Seite 7.

15 Jutta Weber-Bock, Das Vermächtnis der Kurfürstin, Messkirch, 2022, Seite 7.

Struktur: Die beste Methode, eine Geschichte zu beginnen, ist es, den Schluss zu kennen. Die Handlung bewegt sich ununterbrochen auf einen Punkt zu. Sie müssen nicht jede Einzelheit wissen, doch Sie sollten ahnen, wie sich die Geschichte auflösen könnte. Dann können Sie darauf hinschreiben.

Schluss und Anfang beziehen sich aufeinander, sie sind zwei Seiten der Geschichte.

Gerade der Anfang einer Geschichte muss einen Balanceakt zwischen zu viel und zu wenig Informationen vollführen. Versuchen Sie es, indem Sie die richtigen Fragen stellen. Erkennen Sie blinde Flecken.

Schreibimpuls (11)
Starke Anfänge

Vorbereitung: Bearbeiten Sie den Textanfang aus dem Schreibimpuls (10). Beantworten Sie die sechs Fragen: Wer, Was, Wo, Wann, Wie und Warum?

Schreiben (1): Entwerfen Sie drei starke erste Absätze. Sie müssen aber nicht alle Informationen der sechs W-Fragen aufnehmen. Überlegen Sie, wo Sie spannende Lücken lassen können.

Vorlesen: Lesen Sie die Anfänge verschiedenen Personen vor. Welche Version kommt am besten an? Warum? Entscheiden Sie sich für eine Variante.

Schreiben (2): Entwerfen Sie dazu drei Schluss-versionen, und holen Sie sich auch hier verschiedene Meinungen ein. Entscheiden Sie sich für eine Version.

Wiederholen (1): Bearbeiten Sie den Mittelteil des Textes aus dem Schreibimpuls (9), und achten Sie auf den Spannungsbogen.

Wiederholen (2): Drehen Sie den Arbeitsprozess um und beginnen Sie mit dem Ende.

Lassen Sie sich darauf ein, beim Schreiben mit verschiedenen Textversionen zu experimentieren. Sie werden merken, wo Ihnen gute Formulierungen gelungen sind. Lesen Sie auch noch einmal laut die Texte und Geschichten aus anderen Schreibimpulsen. Und vielleicht kennen Sie Testleser, die sich für Ihre Geschichten interessieren. Nur Mut, reichen Sie weiter, was Sie geschrieben haben und seien Sie gespannt auf die Rückmeldung. Sie müssen nicht alles ändern, was jemand Ihnen vorschlägt, aber bedenken Sie es.

Wie ist Ihnen die Darstellung der Personen gelungen? Überlegen Sie, wann Sie Figuren, Personen oder Charaktere für Ihre Geschichte brauchen.

Patricia Highsmith sagt, dass ein Einfall mit Figuren, mit Milieu, mit Atmosphäre ausgestattet werden muss. Um die Spuren realer Figuren zu vermischen, nimmt sie die körperliche Erscheinung einer Figur und die Persönlichkeit einer anderen.[16] Genauso sind Sie bei den Lieblingen und Scheusalen verfahren.

---

16 Nach Patricia Highsmith, Suspense, a. a. O., Seite 39 und Seite 47 f.

Das Wichtigste ist, dass Sie ein Geschehen aus einer neuen Perspektive betrachten. Versuchen Sie es, indem Sie ein Wort oder einen Satz in seine Einzelbuchstaben zerlegen und neue Bedeutungen kreieren. So entsteht ein Akrostichon. Hier ein Beispiel von mir.

Beispiel: GIVE PEACE A CHANCE[17]

Ginkgo Tempelbaum in Flammen
In den Trümmern von Hiroshima
Verbrannt, verdorrt, nicht verloren
Ein Jahrzehnt später mit neuen Trieben

Paternoster für den Frieden
Einsteigen geht immer und
Aussteigen ist tödlich
Cäsars Zeiten sind vorbei
Ein Haar jetzt für den Frieden

An dem alles klebt

Cabaret und Cabrio
Hängen an der Vergangenheit
Anzüge treffen sich in Davos
Niemand redet vom Frieden, alle vom
Cent, wirf ihn weg, den Mammon
Einmal blüht der Ginkgo noch

---

17 Jutta Weber-Bock, 17.1.2023, veröffentlicht auf der Plattform Literatur outdoors von Walter Pobaschnig, https://literaturoutdoors.com

Das Akrostichon ist ein Sprachspiel, das es schon in der Antike gab. Ich habe die Anfangsbuchstaben zu dem Satz *Give Peace a Chance* verwendet.

Es war eine Auftragsarbeit der Plattform Literatur outdoors von Walter Pobaschnig, der seine Interviewpartner auch darum bittet.

Der Satz ist angelehnt an den Titel einer gemeinsamen Single von John Lennon und Yoko Ono. Im Jahr 1969 veröffentlicht, wurde sie ein internationaler Hit. Yoko Ono, 1933 in Tokio geboren, folgt bis heute diesem Motto.

Überlegen Sie, welcher gesellschaftliche Hintergrund Sie selbst geprägt hat, und assoziieren Sie die Anfangsbuchstaben Ihres Namens mit bestimmten Ereignissen.

Schreibimpuls (12)
Mein Name

Vorbereitung: Sammeln Sie Ideen zu Ihrem Namen. Was verbinden Sie mit dem Vornamen und was mit Ihrem Nachnamen? Schreiben Sie die Anfangsbuchstaben untereinander.

Schreiben: Vervollständigen Sie die Zeilen und finden Sie ungewöhnliche Verbindungen. Zeile für Zeile entsteht so Ihr Akrostichon.

Bearbeiten: Achten Sie wie bei einem Prosatext auf Anfang, Mittelteil und Schluss, auf den Höhepunkt und die beiden Wendepunkte. Sie erzählen eine Geschichte von sich und brauchen einen Spannungsbogen.

Wiederholen: Sind Ihnen beim Schreiben weitere Assoziationen zu Ihrer Person eingefallen? Erschaffen Sie mit den Anfangsbuchstaben Ihres vollständigen Namens, also Vorname und Nachname, ein neues Bild von sich. Sie können aber auch die Buchstaben Ihres Vornamens spiegeln und am Ende auf den Anfang Bezug nehmen. Beispiel: J U T T A T T U J.

Treten Sie beim Schreiben einen Schritt von sich selbst und Ihren Themen zurück. Suchen Sie sich einen Schreibpartner und tauschen Sie die Ideen zu Ihren Namen aus. Dichten Sie sich gegenseitig ein neues Leben an. Ändern Sie auch die äußere Gestalt.

Schreibimpuls (13)
Porträt: Innen und Außen [18]

Vorbereitung: Nehmen Sie alte Fotos mit Personen, die Sie selbst nicht kennen. Sollten Sie keinen eigenen Fundus haben, könnten Sie auch eine Zeitschrift durchblättern und Porträts ausschneiden von Menschen, deren Namen Sie nie gehört haben. Suchen Sie sich eine Person aus. Legen Sie Zeit, Ort und Situation für die Handlung fest.

Schreiben (1): Schreiben Sie eine Seite aus der Innenperspektive der Person. Was spielt sich ihn ihr ab? Was denkt und fühlt sie? Wählen Sie

---

18 Nach Bettina Mosler und Gerd Herholz, Die Musenkussmischmaschine, Essen, 1991, Porträt 1: Innen und Außen.

als Textsorte eine Tagebuchnotiz oder einen inneren Monolog wie bei der Tirade im Schreibimpuls (7).

Schreiben (2): Verfassen Sie nun eine Seite in der Außenperspektive. Zeigen Sie die abgebildete Person in der festgelegten Zeit, am Ort und in der Situation. Was kann jemand anderes von ihr wahrnehmen? Verwenden Sie als Textsorte ein Porträt wie bei einem Schnappschuss oder einer kurzen Filmsequenz.

Gestalten: Verbinden Sie Innen- und Außenperspektive und schieben Sie die beiden Texte ineinander.

Wiederholen: Führen Sie den Schreibimpuls noch einmal mit einem anderen Foto durch.

Als Schreibende können Sie die tatsächliche Welt nur über den Umweg einer hinzugedichteten Metamorphose erfassen. Hartmut Lange sagt: „Es ist immer das Erfundene, Ausgedachte, die poetische Metapher, genauer, das Brennglas des Subjektiven, das das Objekt mit aufscheinen lässt."[19]

Üben Sie die handwerklichen Grundlagen des Schreibens ein. Wiederholen Sie von Zeit zu Zeit einen der Schreibimpulse, die Sie bis jetzt kennengelernt haben, denn Schreiben hat auch etwas mit Regelmäßigkeit zu tun. Virginia Woolf sagt dazu: „[...] daß die Angewohnheit, so nur für mich selbst zu schreiben, eine gute

---

19 Hartmut Lange, Irrtum als Erkenntnis, Meine Realitätserfahrung als Schriftsteller, Zürich, 2002, Seite 17.

Übung ist. Es lockert die Bänder. [...] Ich glaube, daß ich im vergangenen Jahr eine zunehmende Leichtigkeit in meinem Schreiben feststellen kann, die ich meinen zwanglosen halben Stunden nach dem Tee verdanke."[20]

Legen Sie sich ein Journal an wie Virginia Woolf. Kaufen Sie sich ein dickeres Schreibheft. Notieren Sie nur für sich. Finden Sie Zeit. Denken Sie erst später über das Geschriebene nach und entdecken Sie die Magie, die sowohl in den Fragen als auch den Antworten liegt.

Schreibimpuls (14)
Ein fiktives Interview

Vorbereitung: Stellen Sie sich vor, dass Sie ein Reporter besucht, der eigentlich ein Magier ist. Wie würden Sie spontan auf die folgenden Fragen antworten?

1) Welche drei kleinen Veränderungen würden Sie in Ihrem Leben gerne durchführen?

2) Welche drei kleinen Vergnügungen würden Sie sich gerne mal wieder gönnen?

3) Welche drei kleinen netten Versprechungen würden Sie sich gerne selbst geben?

Schreiben: Denken Sie sich zu eine der Antworten eine Geschichte aus und schreiben Sie diese auf. Überlegen Sie im Vorfeld, wie Sie einen Spannungsbogen schaffen können.

---

20 Lesetipp: Virginia Woolf, Tagebücher, Band 1, 1915 - 1919, Frankfurt a. M., 1990, Seite 414.

Bearbeiten und Gestalten: Stellen Sie sich vor, in sechs Monaten ginge etwas in Erfüllung, was Sie sich gewünscht haben. Mit Ihrem positiven Gedanken haben Sie Ihr Leben verändert. Schreiben Sie dazu. Das interessiert die Leser, denn wer von uns würde nicht gerne einem Magier begegnen, der unsere Wünsche wahr werden lässt? Ich will Sie nicht frustrieren, aber bauen Sie einen kleinen Wermutstropfen ein. Welchen Preis müssen Sie zahlen?

Wiederholen: Nehmen Sie eine Ihrer anderen Antworten, und wiederholen Sie den Schreibimpuls. Steigern Sie ganz bewusst die Spannung und gestalten Sie Ihren Text.

Achten Sie darauf, dass Ihre Erzählstimmen zur Figur passen. Erzählen Sie nur von den Dingen, die Ihre Personen auch tatsächlich sehen, hören und wissen können. Bleiben Sie stets in ihrer Gedankenwelt.

Nehmen Sie sich Zeit. Auguste Renoir hat zu seinem Bild *Ein Paar im Grünen* gesagt: *Ich arrangiere mein Sujet so, wie ich es haben will, dann mache ich mich ans Malen.*

Gruppieren auch Sie Ihre Charaktere und den Stoff beim Schreiben ganz nach Ihrem Ermessen. Beginnen Sie erst danach mit dem Schreiben.

Zusammenfassung

Tauchen Sie ein in die Erzählstimmen Ihrer Figuren. Mit einem unverwechselbaren Ton, wie zum Beispiel bei einem Sportreporter oder einem Jugendlichen, können Sie Ihre Charaktere schärfen. [21]

Probieren Sie auch verschiedene Perspektiven aus. Sie können als Erzähler oder Erzählerin nah an die Personen herangehen oder sie aus der Distanz betrachten.

Entwickeln Sie Ihre Erzählerstimmen und zeigen Sie Ihre Person zum Beispiel in einer bestimmten Lebensphase. Die innere Sprache eines Mädchens am Anfang der Pubertät verdeutlicht, dass sie ihr Ziel noch nicht gefunden hat. Der Erzähler in dem Roman „Der innere Bezirk" von Hermann Lenz wechselt fast nahtlos von der äußeren Beschreibung seiner Figur Margot Sy in deren Gefühle und Denken. Er benutzt eine überbordende Sprache mit vielen Adjektiven. [22]

Sie können auch mehrere Personen aus der Ich-Perspektive erzählen lassen. Geben Sie jeder eine unverwechselbare Stimme.

Lesen Sie nach, wie Barbara Kingsolver in ihrem Roman „Die Giftholzbibel" vier Schwestern und die Mutter unterschiedlich sprechen lässt. Und zwar sowohl mit einer inneren als auch mit ihrer äußeren Sprechstimme. [23]

---

21 Nach Anke Gasch, Unterschiedliche Erzähl(er)stimmen finden – die Zutatenliste, in: Federwelt, Zeitschrift für Autorinnen und Autoren, Nr. 93, April/Mai 2012, Textküche, Seite 30/31.

22 Lesetipp: Hermann Lenz, Der innere Bezirk, Frankfurt a. M., 1993.

23 Lesetipp: Barbara Kingsolver, Die Giftholzbibel, München, 2012.

Die Nobelpreisträgerin Swetlana Alexijewitsch hat gesagt: „Aus tausend Stimmen, Episoden unseres Alltags und Daseins, aus Worten und aus dem, was sich hinter ihnen und zwischen den Zeilen verbirgt, setze ich zusammen – nein, nicht eine Realität (denn die Realität ist unerkennbar), sondern eine Vorstellung, ein Bild."[24]

Entwerfen auch Sie ein Mosaik unterschiedlicher Stimmen und leuchten Sie das Verhältnis zwischen dem Ich und den Anderen neu aus.

Folgen Sie Ihrer kreativen Seite und gestalten Sie den Stoff Ihres Lebens. Laden Sie die Muse regelmäßig zu sich ein. Sie möchte hofiert werden. Meine mag es salzig und herzhaft. War sie jedoch längere Zeit nicht eingeladen, braucht sie erst einmal etwas Süßes, bevor wir gemeinsam durch neue Türen gehen. Was mag Ihre Muse? Lassen Sie sich darauf ein.

---

24 Zitat aus: Spiegel Kultur, 20.06.2013, anlässlich der Verleihung des Friedenspreises des Deutschen Buchhandels, https://www.spiegel.de/kultur/literatur/swetlana-alexijewitsch-erhaelt-friedenspreis-des-buchhandels-a-906874.html

Kapitel 2: Türen und Wendepunkte

Spüren Sie in diesem Kapitel einigen Wendepunkten in Ihrem Leben nach. Loten Sie aus, wer Sie sind und wo Sie stehen. Vielleicht entdecken Sie auch neue Schlüsselerlebnisse. Verbinden Sie diese mit Schlüsselgeschichten, die Sie wie Türen in neue Räume führen.

Meistens denken wir nicht darüber nach, bevor wir durch eine Tür gehen. Die symbolische Bedeutung, eine Schwelle zu überschreiten, tritt in den Hintergrund. Doch hinter einer Tür verbirgt sich nicht nur ein vielleicht unbekannter Raum, sondern es wartet möglicherweise jemand auf Sie, dem Sie nicht begegnen möchten. Weichen Sie den Konflikten nicht aus, auch wenn Ihr Herz klopft.

Schreibimpuls (15)
Die Tür

Vorbereitung: In Ihrem Leben standen Sie sicher schon vor vielen Türen. Einige waren aus Stein oder Holz, alt und rissig, andere aus Metall oder Kunststoff, glatt und kalt. Manche blieben Ihnen verschlossen, bei vielen haben Sie gezögert und andere haben Sie lieber nicht geöffnet. Erstellen Sie eine Liste aller Türen, die Ihnen einfallen. Nummerieren Sie die Stichworte durch. Bitten Sie jemanden, Ihnen eine Zahl zu sagen.

Schreiben (1): Schreiben Sie alles auf, was Ihnen zur ausgewählten Tür einfällt. Begrenzen Sie die Zeit auf zehn Minuten. Legen Sie den Stift beiseite, auch wenn Sie Ihre Ideen noch nicht umfassend zu Papier gebracht haben. Geben Sie ihnen im Folgenden ein Ziel.

Schreiben (2): Überlegen Sie, welchen Namen die Tür trägt. Dieser ist wie eine Ansicht von außen, vergleichbar mit der Schlagzeile über einem Zeitungsartikel. Der Name zeigt, worum es geht. Nehmen Sie sich fünf Minuten Zeit.

Schreiben (3): Notieren Sie, was Ihnen zum Schlüsselloch einfällt. Es gibt eine erste Idee, was hinter der Tür liegt. Wenden Sie sich dann dem Schlüssel zu, der in das Schloss gehört. Schreiben Sie zehn Minuten.

Schreiben (4): Um die Tür zu öffnen, legen Sie Ihre Hand auf den Knauf oder die Klinke. Was fühlen Sie? Notieren Sie es und überlegen Sie auch, wo die Tür ist und was Sie dort hingeführt hat, und zwar im realen wie im metaphorischen Sinne. Schreiben Sie zehn Minuten.

Schreiben (5): Welche subjektiven Erwartungen haben Sie in Ihrem Text? Was liegt hinter der Tür? Gibt es Hoffnungen oder eher Ängste? Schreiben Sie fünf Minuten.

Schreiben (6): Was passiert beim Öffnen der Tür? Und was liegt dann tatsächlich dahinter?

Denken Sie sich eine Überraschung aus. Schreiben Sie zum Abschluss noch einmal zehn Minuten.

Bearbeiten: Lesen Sie Ihre Texte und konkretisieren Sie die Stellen, an denen es um den Schauplatz und die Person geht, und zwar jeweils vor und hinter der Tür. Um welchen Konflikt handelt es sich? Setzen Sie Ihre Notizen aus der Sammelphase Schreiben (1) fort und bauen Sie daraus etwas in Ihren Text ein.

Gestalten: Lassen Sie das Ich oder die Person vor der Tür über die Schwelle in den Raum hineingehen und am Schluss wieder hinaus. Was hat sich verändert? Innerlich und äußerlich?

Hinweis: Sie müssen nicht durch jede Tür gehen. Das betrifft die Türen aus der Liste im Schreibimpuls, aber auch alle anderen, die Ihnen in den Sinn kommen. Und Sie können natürlich jederzeit das Pferd, also in diesem Falle die Tür, wechseln.

Der Weg durch eine Tür kann uns an einen neuen Platz im Leben führen. Mit dem Überschreiten der Schwelle setzen wir einen Prozess in uns und anderen in Gang.

Ereignisse in unserem Leben werden aber auch beeinflusst von der Zeitgeschichte. Wir können uns dem nicht entziehen.

All das erzeugt einen Chor innerer Stimmen. Geben Sie den verschiedenen Anteilen in sich einen Raum und legen Sie einen roten Faden aus.

Schreibimpuls (16)
Wer bin ich und wo stehe ich?

Vorbereitung: Lassen Sie sich zu einer kleinen Meditation anstiften:

(1) Welchem Element fühlen Sie sich zugehörig? Sind Sie Feuer, Wasser, Erde oder Luft?

Beispiel: Nach dem westlichen Sternzeichen bin ich Jungfrau, und ja, die Erde ist mir vertraut. Nach dem chinesischen Mondkalender wurde ich im Jahr des Feuerhahns geboren. Und ja, wie schön, ich brenne für meine Ideen. Wasser und Luft fehlen mir. Am Wasser fühle ich mich wohl, ich merke, wie ich mich in seiner Nähe entspanne. Die Luft ist mir hingegen eher unheimlich. Es fällt mir schwer, auch im metaphorischen Sinne, zu sagen: *Ich setzte den Fuß in die Luft und sie trug.* So hat Hilde Domin es ausgedrückt. Ich würde nie mit dem Fallschirm aus einem Flugzeug springen und hohe Brücken oder Berge erzeugen ein diffuses Angstgefühl in meinem Bauch.

(2) Betrachten Sie für eine Weile Ihr Leben als Welle im Meer.[25] Wellen tragen uns und zugleich können sie uns verschlingen. Welchen Wellen fühlen Sie sich verbunden? Sind Sie klein und plätschernd? Rollen Sie groß und stolz dahin? Oder sind sie manchmal vernichtend wie ein Tsunami?

---

25 Lesetipp: Virginia Woolf, Die Wellen, Frankfurt a. M., 1994.

Vielleicht aber sind Sie auch eine Flamme oder die beißend kalte Luft eines klaren Wintertages. Ändern Sie das Element für sich ab.

(3) Wo stehen Sie in der Gesellschaft? Fühlen Sie sich wohl in Ihrem Umfeld oder an Ihrem Wohnort? Leben Sie in Ihrem Heimatland oder wird es Ihnen verwehrt? Verorten Sie sich und ordnen Sie sich ein in die Welt wie im Schreibimpuls (5) Paternoster in die Vergangenheit.

Schreiben: Schreiben Sie zu jedem der drei Bereiche (1) bis (3) einen kurzen Text. Seien Sie konkret und greifen Sie etwas heraus, das sinnbildlich für vieles steht.

Bearbeiten: Lesen Sie sich die Texte laut vor. Passt Ihr Schreibstil zum Element, das Sie ausgewählt haben? Fließen die Worte oder lodern sie wie im Feuer auf? Wechseln Sie ab zwischen langen und kurzen Sätzen. Achten Sie darauf, welche Vokale Sie verwenden und welche Stimmung Sie damit erzeugen.

Gestalten: Verbinden Sie die drei Texte miteinander und kommen Sie vom Ich zum Wir. Gehen Sie zurück zum Ich, wechseln Sie vom Kleinen zum Großen und wieder zum Kleinen.

Wiederholen: Führen Sie den Schreibimpuls nach einiger Zeit noch einmal durch. Je nachdem, wie Sie sich fühlen, werden auch Ihre Texte wütend oder traurig, glücklich oder beschwingt. Sie sind schnell wie ein Hase oder bedächtig wie eine Schnecke. Alles ist richtig.

Wenn Sie überlegen, wer Sie sind und wo Sie stehen, fragen Sie auch danach, was Sie im Laufe der Zeit geprägt hat und worauf sich Ihr Leben eigentlich gründet.

Einige von Ihnen erinnern sich vielleicht noch an die Schlüsselkinder der 1950er- und 1960er-Jahre. Sie galten als bedauernswert, aber ich habe sie beneidet. Einen eigenen Schlüssel für die Wohnung zu besitzen, war mein Traum. Als Kind dachte ich nicht daran, dass ich dann alleine bin, wenn ich nach Hause komme.

Heute ist der Begriff Schlüsselkinder kaum noch gebräuchlich, aber es gibt sie vermutlich mehr denn je.

Für mich war es ein Schlüsselerlebnis, die Haustür zum ersten Mal mit einem eigenen Schlüssel aufzuschließen. Als ich vor gut zwanzig Jahren zu dem Buch „Wir vom Jahrgang 1957 – Kindheit und Jugend" recherchiert habe, sind mir viele solcher Schlüsselerlebnisse in den Sinn gekommen, die ich mit anderen teile und an die sich Schlüsselgeschichten knüpfen können.

Hintergrund: Schlüsselgeschichten

Beispiele für **Schlüsselereignisse** fallen mir viele ein. Sie sind spektakulär und hängen oft mit Katastrophen zusammen. Die Nachrichten sind voll davon. Manchmal wird aber auch von *positiven* Ereignissen berichtet. Ich denke zum Beispiel an den ersten Sputnik auf seiner Bahn um die Erde und natürlich an die Mondlandung, aber auch an den Fall der innerdeutschen Mauer. Meine positive Bewertung dieser Schlüsselereignisse müssen Sie nicht teilen. Ihr Gedächtnis erzählt Ihnen sicher von vielen außergewöhnlichen Vorkommnissen. Als kollektive Erfahrung haben Schlüsselereignisse aber immer indirekt auch Auswirkungen auf die Zukunft. Dabei müssen wir zum Beispiel Krieg oder Entbehrung nicht selbst erfahren haben. Großeltern und Eltern haben nach dem Zweiten Weltkrieg unbewusst Erfahrungen weitergegeben, die sie selbst als **Schlüsselerlebnisse** abgespeichert hatten. Sicher haben Sie schon von den Kriegsenkeln[26] gehört, die an etwas leiden, das sie zum Glück nie kennenlernen mussten. Schlüsselereignisse sind für sie sehr viel später indirekt zu Schlüsselerlebnissen geworden.

Doch letztlich kann jedes persönliche Ereignis für uns zu einem Schlüsselerlebnis werden. Wie „Ideenkeime [können sie] klein oder groß sein, einfach oder komplex, fragmentarisch oder annähernd vollständig, still oder beweglich. Die Hauptsache ist, daß man sie erkennt, wenn sie auftauchen. Ich erkenne sie an einer gewissen Erregung, die sie sofort mit sich bringen [...]", sagt Patricia Highsmith. [27]

Schlüsselerlebnisse in unserer Biografie lösen immer etwas in uns aus, das bis in die Gegenwart fortwirkt. Ein Erlebnis, das vielleicht anderen ganz unbedeutend erscheint, beschäftigt uns. Manchmal aber wissen wir gar nicht darum.

---

26 Nach Sabine Bode, Kriegsenkel, Die Erben der vergessenen Generation, Stuttgart, 2009.
27 Patricia Highsmith, Suspense, a. a. O., Seite 14.

Dann brauchen wir einen **Schlüsselmoment**, der es ans Licht holt. Dieser kann beliebig sein, wie ein Eis, das einem Kind herunterfällt.

Aus einem solchen Schlüsselerlebnis, aus erster oder zweiter Hand, kann eine **Schlüsselgeschichte** wachsen. Sie treibt uns ein Leben lang um, bis wir erkennen, dass wir nicht mehr in den alten Status quo zurückkehren können.

Ein globales Schlüsselereignis kann aber nur dann zu einem Schlüsselerlebnis werden, wenn Sie es miterlebt haben oder es Ihnen als Trauma weitergegeben wurde. Vermutlich hat es Ihr Leben grundlegend verändert.

Ehe Sie aber von solch einem wichtigen Ereignis literarisch erzählen, auch wenn Sie dabei waren, sollten fünfzehn Jahre vergangen sein. So empfiehlt es Anna Seghers [28], aber schon Goethe hat sich ebenfalls in diesem Sinne geäußert. Er hat sogar noch länger gewartet, bis er über die Belagerung von Mainz im Jahr 1793 geschrieben hat, rund zwanzig Jahre.

Vermittelt über ein Trauma oder ein eigenes Erlebnis kann sich also auch an ein allgemeines und globales Schlüsselereignis eine Schlüsselgeschichte knüpfen. Auf dem direkten Weg jedoch, losgelöst vom persönlichen Kontext, ist dies viel schwieriger, wenn nicht unmöglich.

Jedes Leben enthält Schlüsselgeschichten. Sie bilden den Kern, um den sich alles dreht. Begeben Sie sich auf die Suche nach den Schlüsselerlebnissen, aus denen diese Schlüsselgeschichten wachsen.

---

28 Nach Helga Schubert, Vom Aufstehen, München, 2021, Seite 26.

Schreibimpuls (17)
Schlüsselerlebnisse

Vorbereitung: Erstellen Sie eine Stichwortliste mit Schlüsselerlebnissen. Gehen Sie in absteigender Reihenfolge vor: letztes Jahr, vor zehn Jahren, in der Kindheit. Suchen Sie selbst die wichtigsten fünf Schlüsselerlebnisse aus. Welches springt Sie an? Greifen Sie zu und arbeiten Sie damit weiter. Gehen Sie ins Detail und in die Tiefe. Sammeln Sie mithilfe des Clustering Material dazu. Fragen Sie sich: Wer, Was, Wo, Wann, Wie und Warum?

Schreiben: Schreiben Sie eine Geschichte in der Sie- oder Er-Perspektive. Mischen Sie das Innere und das Äußere. Wechseln Sie mehrmals hin und her.

Wiederholen: Schreiben Sie die Geschichte in die Ich-Perspektive um. Lösen Sie sich dabei vom ersten Text, legen Sie ihn an die Seite und durchleben Sie das Geschehen noch einmal neu mit allen positiven und negativen Gefühlen. Holen Sie Ihre Liste zu den Lebensthemen aus den Schreibimpulsen (3) und (4) hervor und ergänzen oder ändern Sie diese.

Wärmen Sie sich vor dem Schreiben auf. Clustern Sie, gehen Sie in den Steinbruch oder praktizieren Sie das Écriture automatique. Zehn Minuten können lang sein und vielleicht haben Sie sogar auf das Klingeln des Weckers gewartet und es herbeigesehnt.

Probieren Sie es aus, länger als zehn Minuten diese Technik anzuwenden, und lassen Sie sich treiben.

Wie das Clustering oder der Steinbruch kann Ihnen das automatische Schreiben die Türen für Schlüsselerlebnisse und damit auch für Schlüsselgeschichten öffnen. Diese helfen Ihnen, für sich etwas abzuschließen, sodass Sie sich neuen Dingen und anderen Menschen aus Ihrem Leben zuwenden können.

Tragen Sie Ihr Journal immer mit sich herum. Geben Sie den spontanen Beobachtungen und Erinnerungen einen festen Platz. Schreiben Sie auch über Tagträume oder steigen Sie hinab in Ihre Träume aus der Nacht. Sie können auch Schreibblockaden thematisieren und sie durch das Schreiben lösen.

Über wen wollten Sie immer schon mal schreiben? Verfassen Sie kleine Porträts, je näher Ihnen jemand steht, umso kürzer. Erstellen Sie eine Liste von Personen aus Ihrem Lebensumfeld, die Sie sich immer wieder vornehmen und ergänzen können. Vielleicht erinnern Sie sich an eine Sandkastenfreundschaft? Meine war ein Junge. Ich weiß noch seinen Namen, weil mein Bruder nach ihm genannt wurde.

Schreibimpuls (18)
Lebensbrief

Vorbereitung: Erinnern Sie sich an die erste Freundin oder den ersten Freund aus der Kindheit. Es sollte heute kein Kontakt mehr zu demjenigen bestehen.

Schreiben: Schreiben Sie einen Brief an den Kindheitsfreund. Schildern Sie Ihren Lebensweg. Blicken Sie dabei auf gemeinsame Kindertage, zum Beispiel im Sandkasten, zurück. Beginnen Sie mit „Lieber ...“ und enden Sie mit „Deine ...“

Gestalten: Bauen Sie den Brief in Ihre Autobiografie ein und gestalten Sie ihn als einen Teil der Handlung.

Wiederholen: Schreiben Sie einen Brief an sich selbst. Denken Sie daran, dass Lob und Ermutigung nicht nur etwas für andere sind. Schicken Sie diesen Brief ab. Vielleicht können Sie ihn so in den Briefkasten werfen, dass er über das Wochenende mindestens zwei oder drei Tage unterwegs ist und Sie ihn vergessen, wie es mir passiert ist. Ich habe auf den ersten Blick nicht einmal meine eigene Handschrift wiedererkannt.[29]

Die Briefform eignet sich gut für die Autobiografie. Ein Brief hilft Ihnen, die innere Stimme einer Person zu finden, und ist auch eine gute Vorbereitung für das Schreiben von Dialogen. Sie können Briefe in Ihre Biografie einstreuen und so den Text auflockern.

Lernen Sie, aus den verschiedenen Möglichkeiten der Darstellung eine eigene zu entwickeln. Arbeiten Sie mit dem 3-Satz-Exposé.

---

29 Nach Julia Cameron, Der Weg des Künstlers, München, 2000, Seite 323.

Hintergrund: Das 3-Satz-Exposé

Formulieren Sie einen Satz für den **Anfang** (Wer? Konflikt?), einen Satz für den **Mittelteil** (Krise?) und einen Satz für den **Schluss** (Lösung?). Natürlich handelt es sich bei den drei Sätzen nicht um extrem kurze Sätze. Schreiben Sie trotzdem nicht mehr als eine halbe Seite. Lernen Sie, Schlüsselgeschichten auszuwählen und einen roten Faden auszulegen.

Die Strukturierung Ihrer Autobiografie hängt auch von Ihrer Sozialisation ab. Dazu gehören unter anderem Familie, Schule und Beruf. Wichtig ist aber neben der Zeit auch der Ort. In welcher Landschaft und in welchem Land Sie aufgewachsen sind, hat Sie genauso wie Ihre Herkunftsfamilie geprägt.

Es macht dabei einen großen Unterschied, ob Sie aus Hamburg oder München kommen. Wenn Sie auf dem Land in Bayern groß geworden sind, wird in Ihnen ein anderes Lebensgefühl lebendig sein, als wenn Sie im Ammerland geboren wurden.

Schreibimpuls (19)
Sprechblasen *Wie ich ...*

Vorbereitung: Meditieren Sie eine Weile und gehen Sie durch Ihr Leben. Stelle Sie sich einzelne Szenen vor und rufen Sie sich Orte ins Gedächtnis, die mit Menschen und Ereignissen verbunden sind. Charakterisieren Sie jedes Erlebnis durch einen Ausspruch.

Beginnen Sie mit *Wie ich* ... Notieren Sie sich die Szenen als Sprechblasen.

Schreiben: Suchen Sie eine Sprechblase aus, das heißt, ein Erlebnis oder eine Szene, und schreiben Sie einen kurzen Text. Wechseln Sie von Innen nach Außen und zurück. Jeder Satz sollte übungshalber mit *Wie ich* ... oder mit *Wie sie* ... / *Wie er* ... beginnen.

Wiederholen: Schreiben Sie kurze Texte zu anderen Sprechblasen.

Durch die Wiederholung bekommt der Text etwas Eindrückliches, natürlich in sehr überspitzter Form. Der Wechsel von Innen nach Außen und zurück provoziert außerdem eine neue Eigenwahrnehmung. Wenn Sie *Wie ich* ... sagen, schicken Sie sich auf der einen Seite in die vergangene Zeit zurück.

Durch die Verwendung der Sprechblase schaffen Sie aber auch einen Abstand zu sich selbst. Obwohl Sie die Ich-Form verwenden, reden Sie nicht mehr über sich selbst, sondern sprechen zu einem Leser.

Sie können auch die Brieform wählen, wie ich in meiner Erzählung „Honig und Oliven". Die Geschichte gehört zu einer Türkeireise, die mich fast zum Auswandern gebracht hätte.

Auf der nächsten Seite finden Sie einen Auszug, der zur Sprechblase *Wie ich* ... passt.

Beispiel: Honig und Oliven[30]

Liebe Martina, [...] Am nächsten Morgen saß ich also um acht bei Sevgi auf der Terrasse und versuchte, ein türkisches Frühstück zu verstehen. Sevgi biss immer wieder herzhaft von ihrem Honigbrot ab und schob eine Olive zwischen die krümeligklebrige Masse. Ich probierte, nicht so genau hinzuschauen und mir diesen Geschmack nicht vorzustellen. Siehst Du, Du schüttelst Dich genauso! Honig und Oliven?! Iiihhhgitt! Niemals, das hätte auch ich schwören können.

Doch Sevgi hat einfach so lange gedrängelt, bis ich zumindest von diesen besonderen Oliven gekostet habe. Sie waren wirklich gut, ganz anders als in Deutschland auf der Pizza. Aber mit Honig? Sevgi hat bloß in ihre Kaffeetasse hineingeprustet und gemeint „Typisch deutsch. Immer fein eins nach dem anderen. Das verlernst du hier total, sag ich dir. Entweder passiert gar nichts oder alles auf einmal. In jedem Fall aber hast du alle Zeit der Welt auf deiner Seite. Davor oder danach."

Ich habe nichts verstanden und an meinem Kaffee genippt. Schwarz. Ohne Zucker. Du weißt, zu Hause kann ich ihn nur mit viel Milch und vier Löffeln Zucker trinken.

---

30 Jutta Weber-Bock, Honig und Oliven, in: Electronic Harem, Erzählungen, Stuttgart, 2015, Seite 17 ff.

Vielleicht hat Sevgi recht, dachte ich, hier war eben alles anders, und zweifelte weiter in den Morgen hinein. [...]

[Sevgi] schmierte ein Honigbrot [...] und hielt es mir hin. Instinktiv schnappte ich zu. Gleich darauf schob sie mir noch eine schrumpelig ölige Olive und eine Gabelspitze weißen Käse in den Mund. Ich kaute. Süß und krümelig [...]

Wir lachten beide, und bei mir klang es schon ganz wie bei Sevgi. Honig und Oliven. Gar keine Frage, dass so alles seine Richtigkeit hatte. [...]

Diese Geschichte ist so nicht passiert, aber wie viele meiner Erzählungen hat sie eine autobiografische Matrix. Ich schmecke noch heute Honig und Oliven und esse beides zusammen manchmal zum Frühstück. Nur ich weiß, was dahinter steckt.

Meine Reisegeschichten führen nach Süden, ins Offene und erzählen von Liebe und Tod gleichermaßen, spannen einen Bogen von der Türkei nach Rhodos und Kreta bis nach Israel und zurück in meine Wahlheimat Stuttgart. Im Mittelpunkt stehen Menschen und oft entwickeln sich die Dinge anders als gedacht. Seien Sie gespannt, wohin es Sie zieht, wenn Sie sich Oliven zum Honig in den Mund schieben.

Schreibimpuls (20)
Honig und Oliven

Vorbereitung: Notieren Sie verschiedenen Lebensphasen. Sie können Ihr Leben nach Reisen oder Orten gliedern, aber auch nach beruflichen

Tätigkeiten. Sie können ein Ereignis auswählen und von der Zeit davor erzählen. So stellt zum Beispiel die Geburt eines Kindes das bisherige Leben auf den Kopf.

Schreiben: Suchen Sie zu jedem Abschnitt eine Überschrift, und entwerfen Sie verschiedene kurze Texte. Finden Sie ungewöhnliche Kombinationen und essen Sie Honig und Oliven oder Gouda mit Erdbeermarmelade.

Bearbeiten: Lesen Sie sich laut vor, was Sie geschrieben haben. Betrachten Sie Ihre Notate vom Ende her. Finden Sie dazu einen starken ersten Satz.

Gestalten: Gestalten Sie Ihre Texte zu Geschichten mit Anfang, Mittelteil und Schluss. Honig und Oliven könnten wie in meinem Beispiel etwas auslösen und nach ungefähr einer halben Seite zu einem ersten Wendepunkt führen. Schüren Sie den Konflikt und schreiben Sie weiter, bis Sie einen Höhepunkt erreichen. Wie geht es Ihrer Figur? Folgen Sie Ihrem Stift oder den Fingern auf den Tasten. Wo steht Ihre Figur am zweiten Wendepunkt? Und wie löst sich die Geschichte auf?

Wiederholen: Holen Sie Ihre Liste der Lebensthemen aus dem Schreibimpuls (3) hervor und ergänzen oder revidieren Sie diese.

Verschaffen Sie sich mithilfe eines 3-Satz-Exposés einen Überblick über Ihre Lebensphasen.

Natürlich ist es auch nicht unwesentlich, ob Sie als Mädchen oder Junge auf die Welt gekommen sind.

Ich wollte immer ein Junge sein, weil mir Jungen in ihren Hosen freier erschienen. Es war praktischer, wenn ich auf einen Baum klettern wollte. Und so bin ich bei Hosen geblieben.

Kurz nach meiner Geburt hat in der niedersächsischen Stadt Varel die Rektorin der örtlichen Volksschule sogar ein Hosenverbot für Mädchen verhängt.

Sicher wäre diese Lehrerin ein lohnender Charakter für eine Geschichte.

Schreibimpuls (21)
Charaktere – aus dem Leben gegriffen

Vorbereitung: Denken Sie an Menschen, die in Ihrem Leben eine Rolle gespielt haben und die nicht zur engeren Familie gehören. Mir fallen dazu Lehrer oder Arbeitskolleginnen ein. Beginnen Sie mit einer Liste, spontan und ungeordnet. Sie können sie später ergänzen.

Schreiben: Entwerfen Sie mehrere kurze Texte, die jeweils eine Person bildlich beschreiben oder bei einer typischen Handlung zeigen.

Beispiel: „Bei ihrem morgendlichen Begrüßungsritual denke ich unwillkürlich daran, dass ich abends meine Mutter anrufen muss, der Regen schlimmer geworden ist und ich auch arbeitslos sein könnte. Hat sie ihre Brille aufgesetzt und tippt Zahlenkolonnen in ihre Rechenmaschine, darf ich sie auf keinen Fall stören. Zwei Dinge gleichzeitig zu erledigen, entspricht nicht ihrem Wesen."[31]

Wiederholen: Legen Sie sich Karteikarten für die Menschen aus Ihrer Autobiografie an. Notieren Sie besondere Charakteristika. Ein Blick oder eine Geste, Aussprüche und Marotten lassen die Personen lebendig werden. Verfassen Sie wie in meinem Beispiel eine Reihe von Minimalporträts, auf die Sie beim Schreiben zurückgreifen können. Verändern Sie aber die Personen, damit sie sich nicht wiedererkennen. Nehmen Sie wie Patricia Highsmith das Äußere der einen Figur und statten Sie es mit dem Innenleben einer anderen aus.

Wenn Sie literarische Charaktere schaffen möchten, können Sie auch Gegensatzpaare bilden. Vielleicht war Ihr Vater ein unverbesserlicher Optimist, sein Bruder aber triefte vor Pessimismus. Oder Ihre Mutter war eine perfekte Hausfrau, doch bei ihrer Schwester war es gemütlich chaotisch. Wie ging es Ihnen im Laufe Ihres Lebens damit, dass Onkel und Tante ganz anders waren als Ihre Eltern?

Denken Sie an Menschen, die ihr Innerstes nach außen kehren, und an andere, die in sich zurückgezogen leben. Niemand ist nur böse oder gut, geschwätzig oder still, aber es gibt Tendenzen. Spüren Sie ihnen nach. Warum ist jemand ein schwarzes Schaf?

---

31 Jutta Weber-Bock, Minimalporträt einer früheren Arbeitskollegin, unveröffentlicht.

Holen Sie die Menschen von der Straße und gestalten Sie sie zu Genies oder Geizhälsen. Wie reden zwei miteinander, die verschieden sind? Vielleicht gleichen sie sich mehr, als sie selbst und alle anderen es denken.

Durch Dialoge können Sie Charaktere genauer kennzeichnen, da Gespräche Konflikte und Spannungen transportieren. Aktion und Reaktion wechseln sich ab. Gute Dialoge sind kurz. Streichen Sie, was lang daher kommt und keiner dramatischen Spannung dient.

Lassen Sie die Personen in einer ihr eigenen Sprache sprechen, kreieren Sie keine künstlichen Puppen. Und zeigen Sie im Dialog die Veränderung der Beziehung zwischen den Personen.

Schreibimpuls (22)
Ein Gespräch wider Willen

Vorbereitung: Identifizieren Sie zwei Charaktere, von denen einer als Protagonist und einer als Antagonist auftreten soll. Was möchten Sie als Autorin oder Autor in dem Gespräch mitteilen? Was verändert sich durch das Gespräch? Geben Sie dem Dialog einen Ort und eine Zeit. Wo und wann findet er statt? Welcher autobiografische Zusammenhang ist gegeben? Warum reden die beiden überhaupt miteinander, obwohl sich jeder dagegen wehrt? Wie verändert sich im Laufe des Dialogs die Beziehung?

Schreiben: Schreiben Sie einen Dramendialog und geben Sie nur die wörtliche Rede wieder.

Wiederholen: Führen Sie den Schreibimpuls mit zwei anderen Charakteren noch einmal durch. Wie geht es Ihnen beim zweiten Mal? Provozieren Sie einen Streit, der sich leise entwickelt und nicht mit Tränen endet. Trotzdem hängt ein Schmerz in der Luft.

Lesetipp: Wolfgang Borchert, Das Brot. [32]

Jedes Schreiben, besonders aber das autobiografische Schreiben, weckt auch Trauer und Tränen, nicht nur bei den Figuren, sondern es kann bei Ihnen als Autorin oder Autor alte Ängste ans Licht holen. Durch das Schreiben können Sie Ihre verdrängte Energie aber wieder zugänglich machen und sich entlasten.

Denken Sie an den Schreibimpuls (5) Paternoster in die Vergangenheit. Damit können Sie vieles aus dem Keller hervorholen. Sehen Sie die Ausblicke in die einzelnen Stockwerke als Schreibstationen. Sie können aussteigen und eine Weile in dieser Ebene zubringen. Dann aber steigen Sie wieder ein. Sie fahren erneut nach unten oder aber nach oben. Das ist allein Ihre Entscheidung. Sind Sie am höchsten oder tiefsten Punkt angelangt, können Sie alles dort lassen, was Sie abstreifen möchten. Die Angst vor dem Wendepunkt und die vollkommene Dunkelheit verschwindet, sobald Sie im Licht des nächsten Stockwerks angekommen sind.

Schreiben über schmerzhafte Erlebnisse kann die Trauer vermindern, aber Tränen nicht verhindern. Diese lösen den Schmerz, schwemmen ihn weg und haben

---

32 Wolfgang Borchert, Das Brot, in: Wolfgang Borchert, Das Gesamtwerk, Reinbek bei Hamburg, 1991, Seite 277 ff.

deshalb langfristig positive Wirkungen. Erleichterung schafft oft ein vorsichtiges Umschreiben quälender Lebensepisoden. Schreiben kann therapeutisch wirken – es ersetzt aber keine Therapie.

Gehen Sie mit sich selbst vorsichtig um. Muten Sie sich nicht zu viel zu. Mithilfe des Schreibens können wir durch vergangene Schmerzen hindurchgehen. Indem wir diese im Schreiben neu durchleben, können wir sie später durcharbeiten. Schritt für Schritt gelangen wir so von einer autobiografischen Erfahrung zum literarischen Text.

Schreibimpuls (23)
Trauer, Tränen und Trost

Vorbereitung: Erstellen Sie stichwortartig eine Liste mit Lebensepisoden, die Sie nicht positiv in Erinnerung haben. Denken Sie nicht darüber nach, notieren Sie alles, was Ihnen in den Sinn kommt. Nummerieren Sie die Liste durch und bitten Sie jemanden, Ihnen eine Zahl zu nennen.

Schreiben: Schreiben Sie über die ausgewählte Episode eine halbe Seite. Nicht mehr. Legen Sie den Stift beiseite und gehen Sie spazieren. Sind Sie erleichtert, dass Sie sich getraut haben? Kehren Sie zurück und schreiben Sie über Ihre Gefühle beim Laufen. Legen Sie beide Texte beiseite und kochen Sie sich etwas Gutes oder gehen Sie ins Kino.

Wiederholen: Nehmen Sie Ihr Material erst nach einer Weile wieder zur Hand, und überlegen Sie, wie Sie Ihr Erlebnis weiter bearbeiten könnten. Fertigen Sie ein 3-Satz-Exposé für eine Geschichte an. Schreiben Sie einen Anfang, einen Mittelteil und einen Schluss. Greifen Sie auf Ihr Material zurück. Schreiben Sie in der Sie- oder Er-Perspektive, meiden Sie das Wort Ich.

Sie haben bei den letzten Schreibimpulsen an Beispielen aus Ihrer eigenen Biografie erfahren, dass die Kreativität zwei Seiten hat.

Auf der einen Seite beschert sie uns positive Erlebnisse. Kreatives Schreiben bedeutet aber auch, dass etwas aus dem eigenen Leben auf einer anderen Ebene wiederholt und handwerklich gestaltet wird, was schmerzen kann.

Sigmund Freud sagt dazu: „Das Wiederholenlassen [...] heißt ein Stück reales Leben heraufbeschwören und kann darum nicht in allen Fällen harmlos und unbedenklich sein."[33]

Seien Sie achtsam mit sich. Stärken Sie Ihre Impathie. Sie sind für sich selbst verantwortlich und sollten eine gewisse psychische Stabilität besitzen, wenn Sie autobiografisch schreiben.

Nehmen Sie gegebenenfalls psychologische Beratungsangebote in Anspruch.

---

33 Sigmund Freud, Gesammelte Werke, Frankfurt a. M., 1969, Bd. 10, Seite 131.

Zusammenfassung

Es kann Ihnen durch das Schreiben gelingen, Erinnerungen wieder zugänglich zu machen. Sie holen diese zu sich heran, mit Weinen und Lachen. Gleichzeitig stellen Sie Distanz zum eigenen Erleben her.

Wenn Sie Schlüsselgeschichten aufschreiben, können Sie diese damit jedoch auch bannen. Man muss es benennen, hat eine Kollegin mal gesagt.

Das Fiktive, das Erfinden, hat dabei eine heilende Wirkung. Sie können Dinge literarisch anders zur Sprache bringen, im wortwörtlichen Sinn.

In diesem Kapitel haben Sie Ihre kreative Seite gepflegt. Sie sind durch Türen gegangen und haben den Wendepunkten in Ihrem Leben nachgespürt.

Mihaly Csikszentmihalyi sagt: „Der erste Schritt zu einem kreativeren Leben ist also die Förderung der Neugier und des Interesses. [...] Kreative Individuen sind kindlich in dem Sinne, daß sie sich diese Neugier bis ins hohe Alter bewahren."[34]

Die Kreativität hat Sie zu Schlüsselgeschichten geführt, mit denen Sie sich in der Gesellschaft verortet haben. Sie als Autorin oder Autor stehen nicht länger im Vordergrund. Innen und Außen verwischen sich und lassen sich nicht mehr eindeutig fassen. Im Text bleiben Ihre persönlichen Anteile jedoch als Muster vorhanden. Wenn Ihnen das gelingt, haben Sie die Plattform des rein autobiografischen Schreibens verlassen.

---

34 Mihaly Csikszentmihalyi, Kreativität, Wie Sie das Unmögliche schaffen und Ihre Grenzen überwinden, Stuttgart, 1997, Seite 492.

„Denn dieses scheint die Hauptaufgabe der Biographie zu sein, den Menschen in seinen Zeitverhältnissen darzustellen und zu zeigen, inwiefern ihm das Ganze widerstrebt, inwiefern es ihn begünstigt, wie er sich eine Welt- und Menschenansicht daraus gebildet und wie er sie, wenn er Künstler, Dichter, Schriftsteller ist, wieder nach außen abgespiegelt [hat]"[35], sagt Goethe.

Am Ende passen der Charakter und das Schlüsselerlebnis wieder zusammen wie Schlüssel und Schloss. Sie haben Ihr eigenes Erleben auf eine autobiografische Matrix reduziert.

Was wissen wir wirklich über uns selbst? Und was vom anderen? Experimentieren Sie mit den verschiedenen Aspekten Ihres eigenen Lebens. Seien Sie zugleich Mutter und Tochter, jung und alt. Oder versetzen Sie sich wie die Hauptfigur im Roman „Quasikristalle"[36] von Eva Menasse in verschiedene Rollen hinein. Schlüpfen Sie in die Perspektive der Freundin, Mieterin oder Patientin. All das sind Sie selbst in Ihrem Leben sicher einmal gewesen.

Was ist wahr? Und wie haben Sie etwas wahrgenommen? Recherchieren Sie und eignen Sie sich eine andere Sicht der Welt an. Globale Schlüsselereignisse können Sie so für Ihre Charaktere zu persönlichen Schlüsselerlebnissen machen.

Erweitern Sie im nächsten Kapitel das Schreiben stärker um den Aspekt des Erfindens. *Es ist nicht so gewesen, aber es könnte so gewesen sein.*

---

35 Johann Wolfgang von Goethe, Dichtung und Wahrheit, Frankfurt a. M., 1975, Seite 11.

36 Lesetipp: Eva Menasse, Quasikristalle, Köln, 2013.

Kapitel 3: Autofiktion – Literarisches Schreiben

„Die Erinnerung ist das einzige Paradies, aus welchem wir nicht vertrieben werden können"[37], sagt Jean Paul.

Ihr Gedächtnis, Ihre Erinnerung, ist etwas Kostbares. Nur Sie selbst können im Rückblick Ihr Leben noch einmal leben. Das Schreiben macht Lust darauf, es zu vervielfachen. Lassen Sie andere an Ihren Erlebnissen teilhaben und schälen Sie beim Schreiben den biografischen Kern heraus. Am Schluss sind Autor und Erzähler nicht mehr identisch, obwohl sie noch den gleichen Namen tragen und auf ewig miteinander verbunden sind.

Dieses autofiktionale Schreiben ist auch in Deutschland durch den Literaturnobelpreis für die französische Schriftstellerin Annie Ernaux wieder mehr ins Bewusstsein gerückt. Sie sagt: „Mein Vorhaben ist literarischer Art, denn es geht darum, nach einer Wahrheit über meine Mutter zu suchen, die nur durch Worte gefunden werden kann."[38]
Annie Ernaux hat immer nach einer Art Schlüssel gesucht, der sie ins Schreiben bringt, wie sie in ihrer Nobelpreisrede sagt. Schreiben als Verwandlung der Wirklichkeit, der Herkunft. Sie möchte etwas ans Licht bringen, den Riss offenlegen und verstehen, der durch sie hindurch geht.

---

37 Jean Paul, Impromptü's, welche ich künftig in Stammbücher schreiben werde, in: Cotta'sches Taschenbuch für Damen auf das Jahr 1812, Tübingen, 1811, Quelle: https://www.aphorismen.de/zitat/14721
38 Annie Ernaux, Eine Frau, Frankfurt a. M., 2020, Seite 19.

Betrachten Sie Ihr Leben und sehen Sie es sich genau an. Schöpfen auch Sie aus dem Privaten. Gestalten Sie die erinnerte Realität auf eine neue Weise. Lassen Sie sich auf das Sammeln autobiografischer Details ein. Gehen Sie schreibend zurück. Spielen Sie und werden Sie wieder zum Kind. Umkreisen Sie sich selbst. Finden Sie Worte, wie Annie Ernaux sagt. Verbieten Sie es sich nicht, zunächst alles zu notieren, was Ihnen einfällt. Sie werden staunen, welche Schätze in Ihnen schlummern.

Schreibimpuls (24)
Kinderspiele – Sammeln

Vorbereitung: Nehmen Sie das Stichwort Kinderspiele als Anlass für das Schreiben. Erstellen Sie eine Liste. Diese muss nicht vollständig sein. Sie können sie später ergänzen.

Schreiben: Suchen Sie sich ein Spiel heraus und notieren Sie nach der Methode des Écriture automatique zehn Minuten lang alles, was Ihnen zu diesem Spiel einfällt. Schreiben Sie, ohne den Stift abzusetzen, und so schnell Sie können.

Wiederholen: Clustern Sie oder gehen Sie in den Steinbruch. Sammeln Sie Material zu anderen Spielen, die Ihnen aus Ihrer Kindheit in den Sinn kommen.

Das Sammeln ist eine erste wichtige Arbeitsphase, vor allem, wenn es Ihnen gelingt, Ihre kreative Gehirnhälfte zu aktivieren. Vielleicht finden Sie später funkelnde Perlen in Ihren Notizen. Setzen Sie diese aber noch ins rechte Licht und bearbeiten Sie Ihren Text. Das Sammeln selbst hat, entgegen der Meinung der Surrealisten oder wie es von den Autoren der Dokumentarliteratur postuliert wurde, in der Regel noch keinen literarischen Charakter. Das Paradies der Erinnerungen erfindet sich immer wieder neu und alle Autoren wählen ebenso aus, wie Sie sich ein Kinderspiel herausgesucht haben. Die unmittelbare Wirklichkeit existiert nur in der Gegenwart, die sich aber nicht fassen lässt.

Setzen Sie im folgenden Schreibimpuls autobiografisches Material in Beziehung zur Außenwelt und bearbeiten Sie es.

Schreibimpuls (25)
Kinderspiele – Bearbeiten

Vorbereitung: Greifen Sie auf das Kinderspiel zurück, zu dem Sie im Schreibimpuls (24) Material gesammelt haben.

Fragen: Haben Sie es mit anderen gespielt? Waren Sie Teil einer Gruppe? Waren Sie Zuschauer? Wollten Sie es vielleicht oder durften Sie dann nicht mitspielen?

Schreiben: Beschreiben Sie das Spiel so detailgetreu wie möglich. Bearbeiten Sie Ihr Material, ergänzen Sie es durch Gerüche, Geräusche oder Geschmack. Tasten Sie und lassen Sie die Leser teilhaben. Arrangieren Sie Ihre Notizen und dokumentieren Sie vielleicht auch den Spielablauf. Wissen Sie die Regeln noch? Recherchieren Sie.

Wiederholen: Schreiben Sie zu anderen Spielen. Sammeln Sie Material und bearbeiten Sie es in einem zweiten Schritt.

Indem Sie alle Sinne einbeziehen, springen Sie mitten in das Erlebnis hinein. Das Spiel aus Ihrer Kindheit beruht zwar auf einem subjektiven Erleben, hat aber auch einen allgemeingültigen, gesellschaftlichen Hintergrund und sagt etwas über die Zeit aus.

Friederike Mayröcker ging es wie vielen anderen Autorinnen und Autoren um das Subjektive in seiner Allgemeinheit. Ihr Blick erzeuge Nähe und Ferne zugleich, schrieb die Stuttgarter Zeitung anlässlich der Verleihung des Büchner-Preises.

Swetlana Alexijewitsch zeichnete die vielfältigen Stimmen nicht nur auf, sondern bearbeitete und gestaltete sie. Für ihre Geschichten komponierte sie die Stimmen zu einer Collage des Alltags, wie sie selbst über ihren Arbeitsprozess sagt.

Herta Müller äußert sich ganz ähnlich: „Das Einzelne als exemplarischer Fall für tausendfach Geschehenes ist und bleibt unverzichtbar."[39]

Beim Schreiben erinnern wir uns und wiederholen die Vergangenheit auf einer neuen Ebene. Wenn wir sie in einer weiteren Arbeitsphase gestalten, erreichen Sie auch andere damit.

---

39 Herta Müller, In der Falle, a. a. O., Seite 5.

Treiben Sie Ihre Erinnerungen an das Kinderspiel weiter auf die Spitze. Üben Sie sich ein im Gestalten, machen Sie Widersprüchliches sichtbar und spiegeln Sie so die Realität des Lebens wider.

Schreibimpuls (26)
Kinderspiele – Gestalten

Vorbereitung: Nehmen Sie den Text aus dem Schreibimpuls (25) zur Hand und betrachten Sie das Spiel zunächst unter dem Aspekt, welcher Sinn (etwas) zu kurz gekommen ist. Sammeln Sie Notizen dazu.

Bearbeiten: Schreiben Sie eine Miniatur oder eine Skizze und achten Sie dabei auf Anfang, Mittelteil und Schluss.

Gestalten (1): Stellen Sie den zu kurz gekommenen Sinn in den Vordergrund und gestalten Sie so den Text. Wechseln Sie aus der ursprünglichen Perspektive des Ich zum Du und nutzen Sie eine weitere Komponente zum Gestalten.

Gestalten (2): Machen Sie sich Notizen, wie sich die persönliche Beziehung der Spieler im Laufe des Spiels entwickelt. Greifen Sie sich aus dem bisherigen Material einen Moment heraus. Reduzieren Sie die Anzahl der Spieler, schreiben Sie einen kurzen Dramendialog, in dem die persönliche Beziehung der Spieler deutlich wird. Mischen Sie verschiedene Charaktere miteinander. Komponieren Sie Ihre Geschichte.

Sie beginnen, die rein autobiografische Ebene zu verlassen, und Sie erzählen das Erlebte nicht mehr nur sich selbst. Ihre Kinderspiele aus den Schreibimpulsen (24 – 26) werden zu autobiografischer Prosa, die Sie auch bei Marie Luise Kaschnitz finden. [40]

Der Terminus *Autobiografische Prosa* zeigt die Herkunft, aber er zeigt auch, was mit dem Material passiert ist. Es wurde nicht nur im Tagebuch gesammelt, sondern bearbeitet und gestaltet. Die Texte wachsen aus der Tagebuchform heraus und bilden doch kein Tagebuch. Das Material kommt aus der Vergangenheit, die Assoziationen und Denkimpulse aber stammen aus dem gegenwärtigen Bewusstsein.

Marie Luise Kaschnitz sagt, dass es „[...] rein technische Fragen [sind], auf welche Weise der Rohstoff Leben in die Form gepresst wird, die ihm Dauer verleiht. [...] Etwas soll gesagt werden, und schon bieten sich lebendige Menschen als Blutspender an." [41]

Das hat auch mich umgetrieben, als ich die Geschichten für den Band „Wir vom Jahrgang 1957 – Kindheit und Jugend" geschrieben habe. Ein harmloses Spiel wie *Mensch ärgere dich nicht* offenbarte im Prozess des Wiedererlebens eine Reihe von Konflikten, mit denen ich in der Kindheit konfrontiert wurde, ohne dass sie mir damals bewusst waren.

---

40 Marie Luise Kaschnitz, Gesammelte Werke, Zweiter Band, Die Autobiographische Prosa I, herausgegeben von Christian Büttrich und Norbert Miller, Frankfurt a. M., 1981.

41 Marie Luise Kaschnitz, Wohin denn ich, in: Gesammelte Werke, a. a. O., Seite 414 und 528.

Beispiel: Mensch ärgere dich nicht[42]

Oma ist zu Besuch und wie immer am Buß- und Bettag spielt ihr zusammen *Mensch ärgere dich nicht*. Der Bruder schiebt dir die schwarzen Spielfiguren zu. Die älteste, also Oma, oder der Bruder als jüngster, einer von ihnen fängt an. Du bist in der Mitte und nie etwas Besonderes. Dicht gedrängt stehen die Figuren im Pott. Du nimmst dir ein zweites Paar Würfel, das bringt Glück.

Mutter stellt das Radio an und bringt Kakao für deinen Bruder und dich. Oma gewinnt, sie hat längst alle Figuren im Spiel.

Die Würfel liegen warm in deiner Hand. Der Bruder fliegt raus. Er verbrennt sich die Zunge am Kakao und zappelt herum. Du würfelst Oma um, aber die weiß immer, wo sie steht. Dein Bruder rührt heftig im Kakao.

Mutter wirft eine Sechs und Oma fliegt raus. „Da!", sagt eure Mutter zu ihrer Mutter. „Da! Jetzt hast du es!"

Mutter würfelte noch eine Sechs.

„Sie macht einen Durchmarsch!", ruft Oma. „Kinder, wir müssen zusammenhalten!"

Aber Oma ist nicht dran. Du schüttelst die Würfel wie dein Bruder zwischen den Händen und tastest dabei nach den Augen, bevor du die Würfel auf den Tisch wirfst.

„Lass das nach", sagt Oma.

---

42 Jutta Weber-Bock, Wir vom Jahrgang 1957 – Kindheit und Jugend, a. a. O., Seite 43 f.

Du schüttelst den Kopf. Die Würfel bleiben im Muster der Decke hängen. Du willst noch einmal, aber eure Mutter sagt: „Das gilt!"

Du hast die Wahl, kannst die Mutter schlagen oder dich auf das Startfeld von Oma setzen.

„Feigling", ruft dein Bruder. „Traust dich ja doch nicht!"

Du würdest dich schon trauen, aber dann ist alles wie immer. Einzeln zählst du die Felder ab und stellst dich bei Oma drauf. Mit den Fingernägeln zeichnest du ein zweites Muster in die Tischdecke. Die Mutter würfelt.

„Ja! Gewonnen!"

Der Bruder ruft: „Noch mal!"

„Heute nicht mehr", sagt die Mutter und drückt dich. „Danke!", flüstert sie und trägt die Kakaotassen in die Küche.

So hat es sich nicht abgespielt, leider, denn ein solch versöhnliches Ende wäre schön gewesen. Ich habe es mir immer gewünscht, wie ich heute weiß. Der Konflikt zwischen Mutter und Großmutter hat sich erst beim Schreiben derartig zugespitzt und ich habe mich erinnert, wie beide immer versucht haben, meinen Bruder und mich auf ihre Seite zu ziehen. Meine Beobachtungsgabe wurde wohl damals geschult.

Gehen Sie noch einmal zurück und sammeln Sie Eindrücke, die Sie dann bearbeiten. Üben Sie sich darin, den Dingen eine Wendung zu geben, vielleicht entdecken Sie sogar etwas Ungewöhnliches.

Schreibimpuls (27)
Beobachten – Sammeln und Bearbeiten

Vorbereitung: Nutzen Sie Ihr Journal für Beobachtungen. Sie können sich für unterwegs aber auch ein handlicheres Format zulegen.

Schreiben: Gehen Sie nachmittags in einen belebten Park. Wählen Sie drei Personen aus. Notieren Sie beim Gehen zu jeder Figur ein paar Stichworte. Schreiben Sie nur auf, was Sie sehen können.

Bearbeiten: Setzen Sie sich auf eine Bank und nehmen Sie die Notizen zur Hand. Versuchen Sie, die Personenbeschreibungen so zu gestalten, dass Sie selbst schmunzeln müssen.

Wiederholen: Machen Sie auch Studien in Kneipen und belauschen Sie Gespräche. Achten Sie auf Details wie Jargon oder bestimmte Aussprüche. Beobachten und sammeln Sie zunächst im Kopf. Schreiben Sie die Dialoge möglichst zeitnah auf, doch lieber nicht direkt vor Ort, denn das kann zu unangenehmen Situationen führen. Mir hat mal eine Frau bei einer Zugfahrt Prügel angedroht, weil sie gedacht hat, ich schreibe über sie.

Autobiografische Erfahrungen sind zu unstrukturiert. Wenn Sie für andere schreiben wollen, brauchen Sie eine Verdichtung der Realität. Nehmen Sie die Details heraus, einen Ausschnitt aus einem Ganzen, und schreiben Sie darüber. Hier einige Möglichkeiten, wie Sie persönliche Erlebnisse in Literatur umwandeln können. [43]

Hintergrund: Autobiografie und Literatur

- Eine autobiografische Erfahrung vollzieht sich in einer privaten Sprache, die einfach ist und aus dem Alltag stammt; ein literarischer Text verwendet hingegen eine öffentliche Sprache, die präzise ist; **Tipp**: Benutzen Sie Details und beobachten Sie genau;
- das Persönliche kommt oft schematisch daher; variieren Sie für Ihre Geschichten die Texte; **Tipp**: Verwenden Sie Metaphern und suchen Sie ungewöhnliche sprachliche Wendungen;
- vermeiden Sie Klischees und Stereotypen, greifen Sie Ungewöhnliches heraus und gestalten Sie es individuell; verdichten Sie die Zusammenhänge, gestalten Sie den Text aktiv durch Verben; **Tipp**: Erweitern Sie Ihre Assoziationen, bauen Sie eine zweite Ebene ein;
- vermeiden Sie die allgemeinen Lebensrezepte, die in Ihrer Familie weitergegeben wurden; betrachten Sie Menschen, Schau-

---

43 Nach Lutz von Werder, erinnern, wiederholen, durcharbeiten, Die eigene Lebensgeschichte kreativ schreiben, Berlin Milow, 1996, Seite 144 f.

plätze und Ereignisse aus einer anderen Perspektive; **Tipp**: Recherchieren Sie;

- verallgemeinern Sie die Personen in Ihrem Text nicht; gestalten Sie Figuren und Personen zu Charakteren und benutzen Sie Dialoge; **Tipp**: Mischen Sie Textsorten und setzen Sie Sprachspiele ein, wenn diese zu den Figuren passen;
- sagen Sie nicht *Das war aber so!*, sondern stellen Sie dar, wie etwas gewesen sein könnte; ein Ereignis sollte authentisch wirken; **Tipp**: Es ist nicht entscheidend, ob etwas so oder anders passiert ist;
- verlassen Sie den Ich-Erzähler; verwenden Sie andere Perspektiven; **Tipp**: Arbeiten Sie, mit der Du- oder der Wir-Perspektive.

Stellen Sie die einzelnen Episoden aus Ihrem Leben unter ein Motto und reihen Sie diese nicht chronologisch aneinander. Spinnen Sie ein Netz und springen Sie zwischen Zeiten und Orten hin und her. Das Motto ist wie ein roter Faden, dem Sie folgen können.

Schaffen Sie einen großen Spannungsbogen, der die kleinen Lebensereignisse in sich vereint. Orientieren Sie sich an literarischen Erzählmustern und bauen Sie Beobachtungen in Ihre Texte ein.

Nutzen Sie eigene Erinnerungen, beginnen Sie zunächst ruhig mit Stereotypen. Mit der Zeit werden Sie lernen, diese literarisch zu gestalten.

Schreibimpuls (28)
Berufe in der Kindheit – Literarische Erzählmuster I

Vorbereitung: Nehmen Sie den Anfang des Satzes *Ein Beruf, der mich in meiner Kindheit besonders beeindruckt hat* ... als Schreibimpuls.

Sammeln (1): Notieren Sie nach der Methode des Écriture automatique zehn Minuten alles, was Ihnen zum Satzanfang einfällt. Schreiben Sie wieder ungeordnet, ohne den Stift abzusetzen, so schnell Sie können, kommen Sie in einen Schreibfluss hinein.

Sammeln (2): Machen Sie eine Liste von Berufen und versehen Sie diese mit den dazugehörigen Stereotypen. Schreiben Sie dann Ihre eigenen Assoziationen zu den Berufen auf.

Schreiben: Greifen Sie einen Beruf heraus, und beschreiben Sie eine Szene, wie Sie diese selbst in Erinnerung haben. Füllen Sie Ihre Gedächtnislücken mit Erfindung oder Recherche. Wie könnte es gewesen sein?

Bearbeiten: Wandeln Sie Klischees und Stereotypen um, verwenden Sie Metaphern. Flechten Sie eine zweite Ebene ein.

Gestalten: Geben Sie Ihrem Text am Schluss eine unerwartete Wendung. Lassen Sie zum Beispiel eine Figur Danke sagen, wo niemand es erwartet hätte.

Simone de Beauvoir sagt, dass man seine Vergangenheit durch eine Absicht lebendig halten muss, um sie zu besitzen. Wenn Sie autobiografisch schreiben, möchten Sie vermutlich etwas herausfinden, was in der Vergangenheit passiert ist.

Jede Erinnerung ist dabei wichtig und bringt Sie Ihrer Lebensgeschichte näher. Dazu gehören auch und vor allem Berufe, die es heute kaum oder gar nicht mehr gibt. Mich hat der Beruf des Schusters in der Kindheit besonders angezogen und der Geruch begleitet mich bis heute. Doch ich habe einiges recherchieren müssen, um mir die Situation wieder plastisch vor Augen zu führen. Dabei öffnete sich auch ein Stück Welt von damals.

Beispiel: Und wie das riecht![44]

Das Haus liegt etwas zurückgesetzt von der Straße. Es klingelt, wenn du eintrittst, aber wenn der Schuster in seinem kleinen Raum neben der Verkaufstheke gerade das Werkzeug in der Hand hält, musst du warten. Wie gerne geduldest du dich und saugst diese Mischung aus Schuhcreme, Öl und Leder tief in dich ein.

Mit kurzen Schlägen bearbeitet der Schuster eine Sohle, hält sie an eine Maschine und schleift die Ränder glatt. Er trägt eine Lederschürze über dem grauen Arbeitskittel.

[...] In den Regalen lagern Schuhe, paarweise versehen mit einer Nummer, eingewickelt in Zeitungspapier. Du fragst dich, was mit ihnen

---

44 Jutta Weber-Bock, Wir vom Jahrgang 1957 – Kindheit und Jugend, a. a. O., Seite 34.

geschieht, wenn sie nicht abgeholt werden. Viele Leute werfen ihre Schuhe weg und lassen sie nicht reparieren, hast du gehört, denn wenn die Sohlen abgelaufen sind, seien die Schuhe aus der Mode. [...]

Deinen Schulranzen hast du gebraucht bekommen von Verwandten, die Nähte platzen bald das erste Mal auf. Also trägst du auch ihn zum Schuster, der sich an eine Nähmaschine hinter der Verkaufstheke setzt. Ganz langsam und bedächtig tritt er das Pedal.

Und so vorsichtig und behutsam, wie der Schuster mit meinem Ranzen umgegangen ist, hat sich auch meine Erinnerung von der Vergangenheit in die Gegenwart bewegt und hallt nach.

Bis heute bringe ich Schuhe oder Taschen zu einem Schuster bei uns im Viertel und jedes Mal wirft mich der Geruch zurück in die Kindheit. Heute nennen wir es nachhaltig, wenn wir etwas reparieren lassen, damals war es eine finanzielle Notwendigkeit.

Versuchen Sie, sich langsam an ein Thema anzunähern, und bleiben Sie eine Weile dabei.

Loten Sie die verschiedenen Facetten eines Begriffes oder einer Erinnerung aus, nehmen Sie Anregungen von anderen auf und gestalten Sie Ihren Text bewusst.

Schöpfen Sie wie Marie Luise Kaschnitz aus dem Leben und dem reichhaltigen Figurenensemble, das sich Ihnen darbietet.

Schreibimpuls (29)
Familienmitglieder – Literarische Erzählmuster II

Vorbereitung: Wählen Sie jemanden aus Ihrer engeren Familie, zum Beispiel Bruder, Schwester, Vater oder Mutter.

Sammeln Sie mithilfe des Clustering alle Einfälle zu der Person. Gibt es eine Schlüsselszene, die Sie mit der Figur in Verbindung bringen? Möglich wäre es zum Beispiel, dass der Vater nach Hause kommt und sagt: „Ich bin entlassen!" Notieren Sie zu dieser Szene alles, was Ihnen einfällt.

Schreiben: Verfassen Sie eine Skizze, und erzählen Sie in allen Einzelheiten.

Bearbeiten: Entwerfen Sie anschließend die Gliederung für einen Text (Anfang, Mittelteil, Schluss) und bauen Sie die Skizze zu einer kurzen Geschichte aus.

Wiederholen: Wiederholen Sie die Übung mit anderen Familienmitgliedern, bis Sie merken, dass Sie eine gewisse Übung haben.

Denken Sie aber daran, dass der Ausgangspunkt für die bewusste Gestaltung immer etwas Skizzenartiges ist.

Christoph Meckel sagt: „Ich machte die Augen auf und sah, daß ich in einer Welt der Bruchstücke lebte. Im ungeselligen Beisein der Uhr wuchs ich stückweise auf."[45]

---

45 Christoph Meckel, Über das Fragmentarische, Mainz, 1978, Seite 3.

Gehen Sie von diesen Bruchstücken, Fragmenten, Skizzen aus, an die Sie sich erinnern. Versuchen Sie, sich in fremde Menschen einzufühlen. Erfinden Sie.

Schreibimpuls (30)
Auf der Straße – Literarische Erzählmuster III

Vorbereitung: Erinnern Sie sich an einen Konflikt aus Ihrer Kindheit, der sich auf der Straße zugetragen hat. Wer war dabei? Hat sich diese Auseinandersetzung zwischen Kindern oder unter Erwachsenen abgespielt? Worum ging es? Erfinden Sie eine Person (Polizist, Hausmeister, Nachbar ...), die eingreift. Und vielleicht hat sich der Streit dann plötzlich auf diese Person verlagert?

Schreiben: Schreiben Sie eine kurze Geschichte. Denken Sie dabei an den Aufbau in Anfang, Mittelteil, Schluss, an die beiden Wendepunkte und den Höhepunkt.

Gestalten: Arbeiten Sie Ihren Text weiter aus, bis Sie eine gut konstruierte, kurze Geschichte geschaffen haben.

Wiederholen: Suchen Sie sich andere Kindheitskonflikte, die Sie selbst erlebt oder beobachtet haben. Schreiben Sie darüber und bauen Sie jeweils eine oder mehrere erfundene Personen ein. Machen Sie deutlich, worum es ging, ohne es direkt auszusprechen.

Bislang haben Sie sich damit beschäftigt,

- wie Sie gut und genau beobachten können, indem Sie alle Sinne einsetzen;
- welche Hilfestellung Ihnen das Führen eines Journals oder eines Notizbuches geben kann;
- wie Sie Realität verdichten können, indem Sie einen Ausschnitt herausgreifen und ein Detail zeigen;
- wie Sie auswählen und beim Thema bleiben können und
- wie Sie Struktur in einen Text bekommen.

Sie haben sich auch bereits dem Thema angenähert, wie Sie Personen verfremden können, denn in einem literarischen Text sollten Alter, Geschlecht, Aussehen, Biografie und Namen der Personen sowie auch der Lebensort verändert werden. Sie können mehrere Personen zu einer Person zusammenfügen, Charakterstrukturen verdichten und sie vermischen. Gehen Sie aber noch einen Schritt weiter, denn der „Umstand, daß etwas wirklich so passiert ist, macht aus diesem Umstand noch keine Literatur."[46]

Wie aber können Sie nun Ihren Stoff so gestalten, dass daraus eine Geschichte wird, die auch für andere interessant ist?

Lesen Sie Erzählungen und Kurzgeschichten, um ein Gefühl dafür zu bekommen, wo die Autoren vielleicht einen autobiografischen Kern versteckt haben könnten,

---

46 Lutz von Werder, erinnern, wiederholen, durcharbeiten, a. a. O., Seite 153.

vor allem, wenn es sich um schmerzhafte Erlebnisse handelt. Marie Luise Kaschnitz führt es meisterhaft vor in ihrer Erzählung „Das dicke Kind".[47]

Sie thematisiert die Begegnung mit der eigenen Kindheit und verwendet eine Ich-Erzählerin, die mit der Autorin selbst zwar die Kindheitserfahrungen, nicht aber die Situation im erwachsenen Leben teilt. In einem schmerzhaften Prozess des Wiedererlebens holt sie sich die Vergangenheit zurück ins Bewusstsein. Trauen auch Sie sich.

Schreibimpuls (31)
Schmerzhafte Erlebnisse

Vorbereitung: Wählen Sie aus Ihrem eigenen Leben ein Trauma, eine Krise oder ein dramatisches Kindheitserlebnis aus. Schreiben Sie darüber zehn Minuten nach der Methode des Écriture automatique. Sammeln Sie weiteres Material nach der Methode des Clustering und steigen Sie in die Tiefen Ihrer Erinnerungen.

Schreiben: Verfassen Sie einen Miniaturtext, und lassen Sie einen Fremden erzählen, was passiert ist. Natürlich wird er nur Teile Ihres Erlebnisses wiedergeben können, aber gerade in dieser Auswahl kann der Reiz liegen. Denken Sie wie immer an Anfang, Mittelteil und Schluss, an den Höhepunkt und die Wendepunkte. Achten Sie auf den Spannungsbogen,

---

47 Lesetipp: Das dicke Kind, Seite 9 ff., in: Marie Luise Kaschnitz, Eisbären, Erzählungen, Frankfurt a. M., 1966.

auf einen Wechsel zwischen erzählter Zeit und Erzählzeit sowie zwischen Szene und Erzählerbericht. Schreiben Sie, anders als Marie Luise Kaschnitz, auf keinen Fall in der Ich-Perspektive.

Wiederholen: Sammeln Sie Familiengeschichten, die Großmutter, Großvater, Tante oder Onkel erlebt haben, und erzählen Sie zum Beispiel die Lebenskrise eines Verwandten aus der Perspektive eines Enkels.

Ihre private, autobiografische Sprache ist voller Emotionen. Damit die Leser aber nicht nur Anteil an einem privaten Erlebnis nehmen können und sagen *Ach, wie schrecklich!* oder *Welch Schicksal! Die Arme!*, sondern das Typische in Ihrer Geschichte zutage treten kann, müssen Sie Ihr Erleben anders darstellen.

Sie haben die Möglichkeit, einen Erzähler und seine spezifische Erzählperspektive zu erfinden, denn gerade bei traumatischen biografischen Erlebnissen besteht die Gefahr, dass die Geschichten melodramatisch und kitschig werden, wenn Sie als Erzähler nicht die notwendige Distanz (und Ironie) wahren.

Lassen Sie möglichst viele interessante Charaktere auftreten, nicht nur die, die die Geschichte erlebt haben. Im Schreibimpuls (27) haben Sie mit fremden Figuren gearbeitet. Der folgende Schreibimpuls zeigt Ihnen, wie Sie vorgehen können, wenn Sie die Personen kennen.

Schreibimpuls (32)
Bekannte verarbeiten

Vorbereitung: Erstellen Sie eine Liste von wichtigen Bekannten. Schreiben Sie die Namen auf Karteikarten. Geben Sie jedem von ihnen drei Eigenschaften. Notieren Sie diese auf separate Karten. Legen Sie zwei Stapel aus. Mischen Sie jeden für sich. Ziehen Sie je eine Karte. Sie haben jetzt eine Karte mit einem Namen und eine andere mit drei Eigenschaften, die nicht zum Namen gehören.

Schreiben: Verfassen Sie ein kurzes Charakterporträt. Sie können es später für eine Geschichte weiterverwenden, denn es hat nichts mehr mit Ihrer realen Figur zu tun, wie Sie diese kennen.

Wiederholen: Versetzen Sie eine Ihrer Personen an einen Ort, den sie nicht leiden kann. Schreiben Sie eine Skizze. Schicken Sie die gleiche Person an einen Ort, den sie besonders mag. Schreiben Sie wieder eine Skizze. Wie unterscheiden sich die beiden Texte? Sie können Ihre Beschreibung auch fantastisch gestalten, indem Sie den Ort nicht nur verändern, sondern ihn zu einem Symbol machen.

Carl Zuckmayer hat rund 150 Charakterporträts von ihm persönlich bekannten Schriftstellern, Schauspielern, Regisseuren, Journalisten und Verlegern angefertigt. Lesen Sie nach und lassen Sie sich inspirieren.

Über Gustav Gründgens sagte Zuckmayer: „Spiel und Leben sind für ihn kongruent [...] Er geht mit unsichtbaren Schlittschuhen an den Füssen am liebsten auf blankem Eis [...]"[48]

Was wir brauchen, damit sich der Spannungsbogen immer wieder herstellen lässt, ist ein Punkt, von dem aus sich alles rückbeziehen lässt. Distanz zielt auf Nähe. Um Vertrautheit herzustellen, müssen wir wie Zuckmayer gut und genau beobachten und Details sammeln. Danach können wir uns die Beobachtung aneignen, als ob sie der eigenen Erfahrung entspringt. Verdichten und bearbeiten Sie. Mit dem Gestalten schaffen Sie dann eine neue Realität. Versuchen Sie es mit glücklichen Wendepunkten in Ihrem Leben.

Schreibimpuls (33)
Glückliche Wendepunkte

Vorbereitung: Machen Sie eine Liste von glücklichen Situationen in Ihrem Leben. Wählen Sie eine Begebenheit aus.

Schreiben: Verfassen Sie eine kurze Skizze von einer Seite, und wechseln Sie beim Schreiben in jedem zweiten Satz von Innen nach Außen und zurück. Füllen Sie Ihre Erinnerungslücken mit erfundenen Einzelheiten auf.

Gestalten: Formen Sie den Text zu einer Geschichte mit Anfang, Mittelteil und Schluss.

---

48 Carl Zuckmayer, Geheimreport, Hrsg. Gunter Nickel und Johanna Schrön, Tübingen, 2006, Seite 131 und 132.

Wiederholen: Schreiben Sie über weitere glückliche Lebenssituationen. Wie haben diese Ihr Leben in eine andere Richtung gelenkt?

Beim Schreiben, nicht nur von autobiografischen Texten, müssen Sie aus sich heraus treten und sich und Ihr Leben von außen betrachten, nur so kann Literatur entstehen.

Eva Zeller sagt dazu: „Das erinnerte Ich wird dabei [...] zu einer Kunstfigur [...] ohne daß die Erfindung im Widerspruch zur Erinnerung steht."[49]

Sie können als Autorin oder Autor das erinnerte Ich durch das Schreiben wieder zu sich heranholen, doch Sie können keine Kongruenz mehr herstellen zu Ihrem Kindheits-Ich. Sie bleiben in der Gegenwart verhaftet und erinnern sich, sind also im Schreibprozess ein sich erinnerndes Ich. Das Kind weiß nichts von Ihnen. Sie bleiben ihm fremd.

Barbara König schreibt: „Worauf es ankommt, ist die Tatsache, daß er [der Schriftsteller] ein Fremder ist [...] Keine Frage: das Beleuchten menschlicher Zustände, das Durchleuchten und im besten Falle Erleuchten – diese ganze [...] Arbeit des Schriftstellers findet von außen statt."[50]

Loten Sie die Möglichkeiten der Ich-Perspektive aus und schauen Sie sich von außen dabei zu.

---

49 Eva Zeller, Die Autobiographie, Selbsterkenntnis - Selbstentblößung, Stuttgart, 1995, Seite 6 f. und Seite 8.
50 Barbara König, Die Wichtigkeit, ein Fremder zu sein, Mainz, 1979, Seite 3 f.

Schreibimpuls (34)
Sehr zufrieden – Sammeln und Bearbeiten

Vorbereitung: Verfassen Sie bitte keine Abhandlung über Zufriedenheit. Suchen Sie sich eine konkrete Begebenheit.

Schreiben: Schreiben Sie spontan los, was Ihnen zu diesem Erlebnis einfällt. Schreiben Sie in der Ich-Form, etwa 30 Minuten und wenden Sie die Methode des Écriture automatique an.

Bearbeiten: Markieren Sie im Text die Stellen, an denen Sie ein erinnertes Ich verwenden, und wann Sie als sich erinnerndes Ich aus dem Geschehen heraustreten. Versuchen Sie, den zwei Erzählern, die beide als ein Ich auftreten, jeweils eine eigene Stimme zu geben.

Wiederholen: Suchen Sie andere Situationen, in denen Sie sehr zufrieden waren, und schreiben Sie darüber in der gleichen Weise.

Hintergrund: Formen literarischer Gestaltung – Ich-Perspektive [51]

1. **Konventionelle Ich-Form**: Der Erzähler trennt sich nicht vom Ich, von dem erzählt wird, beide sind identisch und sollen es auch sein. Der Erzähler scheint persönlich beteiligt zu sein.

---

51 Zusammengestellt nach Günter Waldmann, Autobiografisches als literarisches Schreiben, Hohengehren, 2002.

Elias Canetti benutzt die konventionelle Form in seiner Autobiografie „Die gerettete Zunge",[52] allerdings erst ab dem zweiten Kapitel.

2. **Präsens-Ich**: Im ersten Kapitel seiner Autobiografie verwendet Elias Canetti die Ich-Form und das Präsens. Er holt so den Zweijährigen und das Geschehen dichter heran.

3. **Erzähler-Ich**: „Ich bin nicht Stiller!"[53] Mit diesem Satz schafft Max Frisch im ersten Teil seines Romans ein fingiertes Ich, einen poetischen Doppelgänger. Auch Arnold Stadler setzt in seinem Roman „Ich war einmal"[54] ein Erzähler-Ich ein, ebenso wie Wolfgang Koeppen in „Jugend"[55]. Alle drei Autoren fiktionalisieren ihr Material.

Max Frisch schiebt seine Erfahrungen mit der Schweiz der Figur Stiller unter. Am Schluss lässt er ihn in ein Schwyzerhüsli ziehen. Scheinbar eine Versöhnung mit dem Heimatland, das ihm nie Heimat war. Stadler und Koeppen wechseln zwischen den Ich-Erzählern hin und her. Vergangenheit und Gegenwart erscheinen in einem immer anderen Licht und verschmelzen miteinander.

Wenn Sie *Ich* schreiben, beherbergen Sie grundsätzlich immer drei Ich-Figuren in Ihrem Schreibraum:

52 Lesetipp: Elias Canetti, Die gerettete Zunge, Frankfurt a. M., 1979.
53 Lesetipp: Max Frisch, Stiller, Frankfurt a. M., 1970.
54 Lesetipp: Arnold Stadler, Ich war einmal, Frankfurt a. M., 1999.
55 Lesetipp: Wolfgang Koeppen, Jugend, Frankfurt a. M., 1996.

Als Erzähler tritt ein **sich erinnerndes Ich** auf. Es denkt nach über das Ich aus der Vergangenheit, über das **erinnerte Ich**. Vor dem Blatt Papier oder dem Computer sitzen Sie als **Autoren-Ich**.

Das sich erinnernde Ich versetzt sich in das erinnerte Ich hinein. Dabei entsteht ein subjektives Bild, das wahrscheinlich sein könnte. Spüren Sie dem nach, als Sie sich sehr zufrieden gefühlt haben.

Schreibimpuls (35)
Sehr zufrieden – Gestalten

Vorbereitung: Nehmen Sie das Textmaterial aus dem Schreibimpuls (34) und überlegen Sie, was sich daraus für eine Geschichte ergeben könnte.

Schreiben: Schreiben Sie einen Text mit Anfang, Mittelteil und Schluss; Umfang zwei Seiten.

Gestalten: Schreiben Sie in der Ich-Perspektive und probieren Sie aus, welche Ich-Form für Sie am besten passt.

Wiederholen: Gestalten Sie auch andere Situationen, in denen Sie mit sich zufrieden waren, in der gleichen Weise.

Trotz aller Varianten erweckt ein Ich-Erzähler immer den Eindruck, er habe das Erzählte selbst erlebt. Ein Ich gibt vor, selber eine Figur der Handlung zu sein.

Scheinbar wahrt es Abstand zum Thema, ist aber umso tiefer darin verstrickt. Wenn die Geschichte mehr einem Seelenporträt gleicht, drängt sich dem Autor dieses Ich auf. Aber natürlich könnten Sie auch einen Thriller in der Ich-Perspektive erzählen.

Alles ist möglich, auch die Du-Perspektive. Sie kommt nur selten vor, habe ich oft gelesen, weil sie schwierig zu handhaben sei. Dabei lädt sie dazu ein, ein Ich im Hintergrund zu behalten und dieses quasi vermittelt durch ein Du auftreten zu lassen.

Schreibimpuls (36)
Sehr unzufrieden – Bearbeiten

Vorbereitung: Schreiben Sie keine Abhandlung über Unzufriedenheit, sondern suchen Sie sich wieder eine konkrete Begebenheit.

Schreiben: Setzen Sie Ihren Stift spontan in Bewegung und notieren Sie alles, was Ihnen einfällt zu einem Ereignis. Schreiben Sie in der Du-Form, etwa 30 Minuten lang.

Wiederholen: Suchen Sie sich andere Situationen. Schreiben Sie darüber in der gleichen Weise.

Die Du-Perspektive bietet Ihnen vielfältige Möglichkeiten. Beschimpfen Sie sich selbst oder andere, trösten Sie sich oder reden Sie sich gut zu. Sie können das Du auch zur Reflexion nutzen, um sich selbst als ein Ich zu finden.

Hintergrund: Formen literarischer Gestaltung – Du-Perspektive [56]

Grammatikalisch ist das Du eine Anredeform. Unterscheiden Sie dabei

- zwischen der **Leseranrede** wie Italo Calvino in seinem Roman „Wenn ein Reisender in einer Winternacht"[57]; Calvino spielt unablässig mit dem Leser, den er mit Du anredet und mit dem er zusammen die Handlung entwickelt;
- zwischen der **Selbstanrede** der Autorin wie Christa Wolf in „Kindheitsmuster"[58];
- zwischen der **Figurenanrede** eines Familienmitglieds oder einer fremden Person;
- zwischen der **Figurenanrede** des Kinder-Ich; vielleicht wird es jetzt zum ersten Mal ernst genommen;
- zwischen der **Selbstanrede** einer literarischen Figur; ein Ich setzt sich selbst als jemand anderes und schafft damit Distanz.

Wandeln Sie durch die Du-Perspektive eine schmerzhafte Situation in etwas Positives um. Das Du eignet sich besonders für Schlüsselgeschichten. Korrigieren Sie nachträglich die Sicht des eigenen Erlebens und kommen Sie vielleicht zu einem großen Verzeihen.

---

56 Zusammengestellt nach Günter Waldmann, Autobiografisches als literarisches Schreiben, a .a. O.

57 Lesetipp: Italo Calvino, Wenn ein Reisender in einer Winternacht, München, 1986.

58 Lesetipp: Christa Wolf, Kindheitsmuster, München, 1994.

Schreibimpuls (37)
Sehr unzufrieden – Gestalten

Vorbereitung: Nehmen Sie das Textmaterial aus dem Schreibimpuls (36) und überlegen Sie: Was ist das für eine Geschichte?

Schreiben: Schreiben Sie einen Text mit Anfang, Mittelteil und Schluss; überprüfen Sie den Spannungsbogen; verfassen Sie nicht mehr als zwei Seiten.

Schreiben Sie in der Du-Perspektive, und suchen Sie sich eine Möglichkeit zur literarischen Gestaltung. Studieren Sie Beispieltexte.

Gestalten: Lesen Sie den Text jemandem vor, der Sie nicht allzu gut kennt, sodass er Sie als Autor nicht mit dem Du-Erzähler identifiziert. Hat Ihr Zuhörer Anregungen für Sie? Prüfen Sie, ob Sie diese einarbeiten möchten. Gestalten und überarbeiten Sie Ihre Geschichte. Geben Sie ihr eine Wendung, die Sie selbst überrascht.

Wiederholen: Suchen Sie sich andere Situationen, in denen Sie mit sich sehr unzufrieden waren, und reflektieren Sie diese mithilfe der Du-Perspektive.

Sie können auch einen Text aus einer anderen Perspektive in die Du-Perspektive umschreiben oder die Perspektiven mischen. Bei der Wahl der literarischen Mittel kommt es darauf an, was Sie darstellen und sagen möchten.

Kehren Sie noch einmal zur Ich-Perspektive zurück und versuchen Sie, zwei Mal ein Ich zu verwenden.

Damit dies für den Leser unterscheidbar wird, könnten Sie einmal in der Gegenwartsform und einmal in der Vergangenheit erzählen. Sie können aber auch verschiedene Sprachstile wählen, zum Beispiel eine hastige Kindersprache gegen das bedächtige Abwiegen eines Erwachsenen stellen oder lässige Jugendsprache mit einem Managerjargon kontrastieren.

Es kann Ihnen mit der Ich-Perspektive gelingen, in eine andere Identität zu schlüpfen. Schauen Sie in den Spiegel oder rufen Sie Ihren Schutzengel. Bitten Sie Ihren Schatten, für einen Moment stehen zu bleiben, oder sprechen Sie mit einem ungeborenen Zwilling. Nutzen Sie die Gelegenheit, es zu üben, im inneren Monolog zu schreiben.

Schreibimpuls (38)
Ich und Ich I

Vorbereitung: Stellen Sie sich vor, wie Ihr älteres Ich Ihrem jüngeren Ich begegnet (oder auch umgekehrt). Sammeln Sie Material.

Schreiben: Schreiben Sie eine Geschichte mit Anfang, Mittelteil und Schluss; nehmen Sie für die Handlung eine konkrete Situation; Umfang zwei Seiten. Schreiben Sie in zwei Ich-Perspektiven.

Bearbeiten: Lesen Sie den Text und bauen Sie einen inneren Konflikt ein. Sie können das Problem dem älteren Ich vom jüngeren vortragen lassen oder umgekehrt.

Gestalten: Benutzen Sie ein gespaltenes Ich. Möglicherweise bietet es sich an, die Geschichte mit Traumelementen zu gestalten. Gibt es Aspekte aus einer Außenperspektive, die Sie in Ihre Geschichte einfließen lassen könnten? Überarbeiten Sie Ihren Text.

Wiederholen: Suchen Sie sich einen weiteren inneren Konflikt und erzählen Sie davon, indem Sie zwei Ich-Perspektiven verwenden.

Versuchen Sie nicht schon beim Schreiben, Ihre Gedankensprünge zu glätten. Treten Sie nach der ersten Niederschrift einen Schritt oder auch mehrere zurück und schreiben Sie trotzdem in der Ich-Form.

Sie können auch einen Dialog mit sich selbst beginnen und das Ich aus dem inneren Monolog nicht antworten lassen. Mischen Sie beide Textteile und formen Sie diese zu einer Geschichte.

Welche Ziele verfolgen Ihre Personen, also Ihre beiden Ich-Figuren?

Schreibimpuls (39)
Ich und Ich II

Vorbereitung: Erinnern Sie sich an eine Situation, in der Sie nicht bekommen haben, was Sie wollten.

Schreiben: Verfassen Sie einen Text; Umfang zwei Seiten; versuchen Sie zwei Varianten:

(1) Sie wollen etwas haben und bekommen es nicht – erzählen Sie darüber im inneren Monolog (Ich-Form);

(2) Sie haben es durch einen Trick doch geschafft – erzählen Sie aus der neuen Situation heraus. Nehmen Sie dazu die Außenansicht ein, und schreiben Sie über das Ich aus (1) in der Ich-Form oder in Form eines einseitigen Dialogs, das heißt, das erste Ich spricht und das zweite Ich schweigt. Statt des zweiten Ich könnten Sie auch ein Sie oder Er verwenden.

Bearbeiten: Lesen Sie sich den Text mehrmals laut vor. Wechseln Sie Ihre Stimmlage oder das Tempo.

Machen Sie sich Notizen bei den Textstellen, an denen Sie stocken oder sich verhaspeln.

Gestalten: Überarbeiten Sie Ihren Text zu einer Geschichte mit Anfang, Mittelteil und Schluss. Führen Sie aber dieses Mal die drei Akte nicht vollständig aus, sondern springen Sie in die Geschichte hinein oder kappen Sie den Schluss.

Wiederholen: Legen Sie eine Liste von Situationen an, in denen Sie nicht bekommen haben, was Sie wollten. Versetzen Sie sich in die damaligen Begebenheiten hinein und sammeln Sie Material mithilfe des Clustering. Schreiben Sie weitere Geschichten nach dem obigen Muster.

Stellen Sie sich bei Ihren Texten die Frage, ob es gut war, die Ich-Perspektive zu verwenden. Welche Perspektive ist für den Stoff und die Aussage Ihrer Geschichte richtig? Probieren Sie verschiedene Möglichkeiten aus. Erobern Sie sich ein Stück Professionalität.

Wenn Sie sich vom Inhalt weiter als ein Du distanzieren möchten, verwenden Sie die Sie- oder die Er-Perspektive. Setzen Sie sich selbst als einen Fremden und beobachten Sie beim Schreiben, wie ein biografisches Erlebnis sich dadurch verändert:

- Ihre Erzählhaltung wird sachlicher, objektiver;
- Sie können sich neutral, auktorial oder personal verhalten;
- als Stilmittel können Sie verkürzte oder unvollständige Sätze und Reihungen verwenden;
- die Vergangenheit wird zur Fiktion.

Die Sie- oder Er-Perspektive eignet sich gut, um von äußeren Geschehnissen zu erzählen. Möchten Sie über Ihre Gefühle sprechen, können Sie zurück in die Ich-Form wechseln. [59]

Die weiteren noch möglichen Erzählformen im Plural (Wir-, Ihr- und Sie-Perspektive) werden Sie sicher nur in ganz besonderen Fällen brauchen.

Interessant könnte aber unter Umständen die Wir-Perspektive sein, mit der Sie zum Beispiel beim Leser eine Identifikation mit Erlebnissen aus der Schulzeit er-

---

59 Lesetipps: Max Frisch, Montauk, verschiedene Ausgaben;
  Gottfried Keller, Der grüne Heinrich, verschiedene Ausgaben.

reichen könnten. Hier ein Beispiel für den ersten Schultag zu den Zeiten, als die Einschulungen noch nach Ostern stattfanden.

Beispiel: Schultüte im April[60]

Es war kühl draußen, und wir trugen warme Mäntel und lange Strumpfhosen. In der rechten Hand hielten wir die glänzende Schultüte. Wie gerne hätten wir sofort gewusst, was sich alles darin verbarg. [...] Unsere Klassenlehrerin war ein Fräulein und trug die dunklen Haare streng nach hinten zu einem Knoten gekämmt. Unsere Mütter schoben uns nach vorne. „Hinten seid ihr nur abgelenkt." So saßen wir schließlich in der ersten Reihe. Alle Mütter stellten sich hinten an der Wand auf. „Ruhe!", rief das Fräulein und klopfte mit einem Lineal auf ihr Pult. „Schaut mal alle schön nach vorne. Das ist die Tafel, dort schreibe ich an, was ihr lernen müsst. Hier ist euer Stundenplan." Sie verteilte ein Blatt Papier und sprach über unsere Köpfe hinweg zu unseren Müttern. [...] Zu Hause fanden wir Bonbons und Buntstifte, eine Tüte Glückstaler und einen Füller, Eisschokolade und einen Fünfmarkschein. „Der ist von Oma", sagten die Mütter, „und die Eisschokolade kommt gleich in den Kühlschrank." Dabei war es draußen kühl genug.

---

60 Jutta Weber-Bock, Wir vom Jahrgang 1957 – Kindheit und Jugend, a. a. O., Seite 30.

In solchen persönlichen Texten zeige ich im Jahrgangsband exemplarisch das Kind in seiner Welt. Im Rückblick wurden für mich die Dimensionen deutlich.

Zwei Jahre, nachdem wir eingeschult worden waren,
bestimmten die beiden Kurzschuljahre unsere Grund-
schulzeit, die damals noch Volksschule hieß.

Die Einschulung ist eine Schlüsselgeschichte, die alle
Kinder dieser Welt betrifft. Die Kurzschuljahre hingegen waren ein gesellschaftliches Schlüsselereignis. Aus
diesem kann, vermittelt über die eigene Erfahrung, eine
Schlüsselgeschichte wachsen.

Der Stellenwert von Schlüsselgeschichten wandelt sich
aber. Ich weiß noch, wie ich damals einen Anruf vom
Wartberg-Verlag erhielt, nachdem ich das Manuskript
zum Jahrgangsband abgegeben hatte.

Ob ich nichts zur Konfirmation oder zur Firmung geschrieben hätte, das seien doch Schlüsselgeschichten,
wollte die Lektorin wissen.

Für mich war die Konfirmation nicht wichtig gewesen, deshalb hatte ich keinen Text geschrieben. Doch
der Anruf war ein Schlüsselmoment und ich habe mich
erinnert, wie ich mit meiner Mutter um die Rocklänge
meines weißen Kleides, das sie selbst genäht hatte, ge-
rungen habe.

Das einzig Wichtige waren für uns Mädchen damals
diese superkurzen Minikleider, in denen wir konfirmiert
wurden.

Eine Schlüsselgeschichte und eine Erfahrung, die so
nur Anfang der 1970er-Jahre möglich war.

Welche Rituale fallen Ihnen aus der Jugend ein? Wie haben Sie Konfirmation, Firmung oder Jugendweihe in Erinnerung? Gibt es Bräuche aus dem Kindergarten, aus der Schule oder vom Sport, an die Sie heute noch gerne denken? Probieren Sie im folgenden Schreibimpuls ein weiteres Mal die Ich-Perspektive aus.

Schreibimpuls (40)
Ich und Ich III

Vorbereitung: Erinnern Sie sich an eine Situation, in der alle Blicke auf Sie gerichtet waren und Sie in einer (kleinen) Öffentlichkeit standen.

Schreiben: Erzählen Sie von diesem realen Augenblick in der Ich-Perspektive. Schreiben Sie einen Text mit Anfang, Mittelteil und Schluss.

Bearbeiten: Ergänzen Sie den Text durch die Vorstellung, die Sie vorher von der Situation hatten. Wählen Sie auch dafür die Ich-Perspektive.

Gestalten: Lesen Sie sich den Text wieder laut vor. An welchen Stellen haben Sie das Gefühl, etwas stimmt nicht? Lassen sich die beiden Ich-Perspektiven sprachlich voneinander unterscheiden? Oder brauchen Sie eine Sie- oder Er-Perspektive? Ist vielleicht sogar die Du-Perspektive besser?

Wiederholen: Machen Sie eine Liste von Situationen, in denen Sie aufgefordert waren, etwas Ungewöhnliches zu tun und ins Rampenlicht hinauszutreten. Schreiben Sie darüber, wie Sie diese Situation bravourös gemeistert haben.

Sie haben ausprobiert, wie Sie literarische Erzählmuster für Ihr Schreiben nutzen können. Arbeiten Sie mit Ihrem Material weiter und gestalten Sie es. Spielen Sie und nutzen Sie alle Perspektiven. Verändern Sie Ihren Blickwinkel und lösen Sie Ihre Erlebnisse von der Realität ab. Denken Sie zum Schluss dieses Kapitels an eine peinliche Begebenheit, die Sie noch heute schamrot werden lässt.

Schreibimpuls (41)
Ein Fauxpas – dreißig Sekunden

Vorbereitung: Erinnern Sie sich an eine Situation, in der Sie auch in der Öffentlichkeit standen, sich aber daneben benommen haben, wie man früher gesagt hat. Sie haben die Blicke aller auf sich gezogen und wären am liebsten im Erdboden versunken.

Schreiben: Erzählen Sie von den ersten dreißig Sekunden nach dem Vorfall, der schrecklichsten halben Minute Ihres Lebens. Dehnen Sie die Zeit, sodass die Erzählzeit sehr viel länger dauert als die erzählte Zeit. Das heißt, Sie brauchen länger zum Erzählen, als die Handlung dauert. Schreiben Sie zehn Sätze für diese halbe Minute. Verwenden Sie die Du-Perspektive, schaffen Sie Distanz. Wie sind Sie am Schluss aus der Situation wieder herausgekommen?

Bearbeiten: Ergänzen Sie den Text durch die Vorstellung, die Sie vorher von der beschriebenen Situation hatten. Wählen Sie dafür die Ich-Perspektive.

Gestalten: Mischen Sie das Du und das Ich. Lassen Sie die beiden einander freundlich begegnen.

Wiederholen: Schreiben Sie von anderen Peinlichkeiten und würzen Sie diese mit Humor.

Lesen Sie sich einige Texte, die in diesem Kapitel entstanden sind, laut vor. Interessant ist nicht nur, worüber Sie geschrieben haben, sondern vor allem wie Sie vorgegangen sind.

Gottfried Benn hat gesagt: „Ein Gedicht entsteht überhaupt sehr selten – ein Gedicht wird gemacht."[61]

Das trifft natürlich auch auf Ihre Texte zu, die Sie in den Arbeitsschritten Sammeln, Bearbeiten und Gestalten zu Geschichten *gemacht* haben, wie Benn sagt.

Schon Aristoteles hat vor über 2000 Jahren die Theaterstücke seiner Zeit untersucht. Er wollte nicht nur wissen, was die Autoren gemacht haben, sondern auch, wie sie vorgegangen sind.

Zur Arbeitsphase Sammeln gehört dabei auch, wie Sie ein Thema finden. Hilfreich ist es, wenn Sie sich möglichst viele Notizen machen und wach sind für bestimmte

---

61 Gottfried Benn, Probleme der Lyrik [1951], in: Sämtliche Werke, Band VI Prosa 4 (1951-56), Stuttgart, 1978, Seite 10.

Lebenswelten. Lernen Sie, Aufmerksamkeit zu entwickeln. All diese Informationen und Überlegungen wandern ins Unterbewusstsein. Entspannen Sie sich, gehen Sie spazieren, schwimmen oder Rad fahren. Laden Sie die Muse zu sich ein. Sie kann Ihnen zur Erleuchtung verhelfen, doch Sie können es nicht mit dem Verstand beeinflussen. Genauso wenig wie die Perlen, die ihren Weg unbemerkt in Ihre Notizen finden.

Wenn Sie Ihr Material anschließend bearbeiten, folgen Sie der Idee. Im Schreiben kristallisiert sich auch das Gerüst Ihres Textes heraus und es stellt sich die Frage, wie Sie Ihre Geschichte gestalten können.

Es ist normal, wenn Sie die Arbeitsphasen mehrfach durchlaufen müssen und sich jeweils an einer anderen Stelle mit einer neuen Sichtweise wiederfinden.

Verzweifeln Sie nicht, denn es ist so, wie Gao Xingjian es sagt: „Schreiben bedeutet, die Welt ganz nah zu spüren, auch wenn sie geheimnisvoll bleibt."[62]

In seinem autobiografischen Roman „Der Berg der Seele" begegnet er Wandermönchen, Schamanen und Frauen aus seiner Kindheit und versucht, mit verschiedenen Stimmen, sich selbst nahezukommen. Er wendet seine Innenwelten in Geschichten nach außen und nutzt die Du-Perspektive als Selbstansprache, um sich selbst als ein Ich und ein Er zu finden.

Jede Erinnerung ist wichtig und bringt Sie wie Gao Xingjian Ihrer Lebensgeschichte näher. Seine Reise ist in doppeltem Sinne eine Erkundung der Innenseiten Chinas als auch der seiner eigenen Seele.

---

62 Gao Xingjian, Der Berg der Seele, Frankfurt a. M., 2001, Buchrückseite.

Zusammenfassung

Verdichten und verfremden Sie, was Sie erlebt haben. Verändern Sie Ihre Sprache, wenn Sie für andere schreiben. Lösen Sie sich aus dem rein privaten Erleben. Ihre Erinnerungen gehören weiterhin Ihnen allein. Schälen Sie aber für die Leser den biografischen Kern heraus. Das Detail steht für das Ganze.

Lassen Sie sich auf die positive Funktion der Erfindung ein. Was wir in der Realität vorfinden, eignet sich nur bedingt für die Welt der Geschichten.

Erzählen Sie aus verschiedene Perspektiven und probieren Sie es, verschiedene Standpunkte einzunehmen. Das Besondere zeigt sich als exemplarisch für die Zeit, wie es über die Erzählung „Jugend" von Wolfgang Koeppen heißt: „»Jugend« ist ebensosehr Darstellung der eigenen wie die einer fremden Jugend. »Jugend« ist ebenso sehr Beschreibung wie Erzählung: Fakten und Fiktion mischen sich", heißt es im Klappentext.[63]

Zaubern Sie beim Schreiben und verwandeln Sie so lange Fakten in Fiktion, bis die Leser sie für wahr halten.

Schlüsselgeschichten lösen oft auch Trauer und Tränen aus. Stellen Sie sich dem Schmerz und schreiben Sie ihn von sich weg, bis Sie einen neuen Blick auf das Erlebte gefunden haben. Gewinnen Sie den Wendepunkten in Ihrem Leben etwas Positives ab und erkunden Sie diese Lebensphasen in längeren Texten.

---

63 Wolfgang Koeppen, Jugend, a. a. O., Klappentext.

Kapitel 4: Streckentexte – Schritt für Schritt

In diesem Kapitel trainieren Sie Ihre Kondition beim Schreiben und entwickeln einen langen Atem. Es lohnt sich, denn er führt Sie zu längeren Texten, vielleicht sogar zu einem Roman. Schritt für Schritt oder „Wort für Wort", wie es Elizabeth George sagt.[64]

Planen Sie Ihre Projekte und strukturieren Sie den Stoff für Ihre Biografie. Mit dem 3-Satz-Exposé haben Sie bereits ein erstes Instrument ausprobiert.

Nehmen Sie sich aber immer nur den Quadratzentimeter vor, wie es mein Schreiblehrer Paul Schuster genannt hat. Arbeiten Sie stets in kleinen überschaubaren Abschnitten, Wort für Wort. Auch einen Marathon laufen Sie Schritt für Schritt. Testen Sie, welche Arbeitsweise Ihnen zusagt.

Doch zunächst brauchen Sie eine Idee, wie Sie beginnen können. Folgen Sie dem Satzfang im nächsten Schreibimpuls.

Schreibimpuls (42)
Meine Jahre in ... / Meine Zeit in ...

Vorbereitung: Lassen Sie Ihr Leben an sich vorbeiziehen, vergegenwärtigen Sie sich Ihre verschiedenen Lebensstationen anhand von Orten, an denen Sie gelebt oder gewirkt haben.

---

64 Elizabeth George, Wort für Wort oder Die Kunst ein gutes Buch zu schreiben, München, 2004.

Schreiben: Schreiben Sie einen Spontantext zum Satzanfang. Suchen Sie sich dafür eine Lebensperiode oder eine bestimmte Zeit aus. Schreiben Sie, ohne lange nachzudenken, etwa eine halbe Stunde alles auf, was Ihnen in den Sinn kommt.

Bearbeiten: Legen Sie den Text einige Tage beiseite. Sammeln Sie in dieser Zeit weitere Ideen.

Wiederholen: Nehmen Sie eine andere Lebensphase. Notieren Sie, was Ihnen mithilfe des Clustering oder des Steinbruchs einfällt.

Schauen Sie Ihr Material durch und schreiben Sie einen Text.

Sie merken vielleicht, wie viel Übung Sie inzwischen darin haben, die Idee für eine Geschichte zu finden. Und vermutlich haben Sie viel mehr als nur eine Idee. Doch wählen Sie aus, wenden Sie sich jeweils nur einem Thema zu. Je mehr Sie auf einmal wollen, umso schwieriger wird es Ihnen letztendlich fallen, herauszufinden, was Sie sagen möchten. Strukturieren Sie den Stoff Ihres Lebens und teilen Sie sich die Strecke ein.

Schreibimpuls (43)
Tortenstücke

Vorbereitung: Zeichnen Sie einen Kreis und teilen Sie ihn in acht Tortenstücke, die Sie nach dem Material aus dem Schreibimpuls (42) jeweils einer bestimmten Zeitspanne zuordnen und mit einer Überschrift versehen. Verfassen

Sie ein Inhaltsverzeichnis Ihrer Torte. Stellen Sie sich zu jedem Tortenstück ein Kapitel von fünfzehn bis zwanzig Seiten vor. Wählen Sie fünf Kapitel aus. Das muss keine chronologische Reihenfolge sein.

Schreiben:

Zu Kapitel 1: Erstellen Sie ein Clustering und sammeln Sie Material. Schreiben Sie anschließend einen Kurztext, um einen Geschmack für Ihr Thema in diesem Kapitel zu bekommen.

Zu Kapitel 2: Welches sind die drei wichtigsten Sätze aus diesem Kapitel? Schreiben Sie sie auf. Machen Sie anschließend eine Einkaufsliste. Was brauchen Sie, um einen dieser Sätze filmisch darzustellen?

Zu Kapitel 3: Sammeln Sie sinnliche Eindrücke (nur Stichwörter).

Zu Kapitel 4: Schreiben Sie drei Minimalporträts von Personen, die in diesem Kapitel vorkommen. Nehmen Sie den Blick, eine Geste, eine Marotte oder eine typische Handbewegung als Schreibanlass.

Zu Kapitel 5: Schreiben Sie die letzten drei und jeweils dazu passend die ersten drei Sätze.

Planen: Überlegen Sie, warum Sie von Ihrem Leben *Meine Jahre ... / Meine Zeit in ...* erzählen möchten. Was treibt Sie um? Schreiben Sie anschließend ein 3-Satz-Exposé.

Die beiden letzten Schreibimpulse ermöglichen Ihnen eine Annäherung an längere Texte. Sie müssen Ihr Projekt natürlich nicht in der Reihenfolge der Tortenstücke bearbeiten.

Die Themen zum Schreiben können aus allen Lebensbereichen kommen, zum Beispiel:

- „Das Essen und die Welt, in der ich lebe." (Stoff für eine Erzählung, Beispiel: „Das dicke Kind"[65] von Marie Luise Kaschnitz);
- „Ungleich unter Gleichen." (Thema für eine Kurzgeschichte? – Ist die Ich-Perspektive richtig? Lesen Sie Kurzgeschichten.);
- „Die Kunst lernen, beachtet zu werden." (Das könnte ein Romanstoff sein; Plot = Entwicklung einer Person);
- „Die Tür zum eigenen Ich öffnen." (Es könnte einen Stoff für ein modernes Märchen abgeben, wie zum Beispiel „Alice hinter den Spiegeln"[66] von Lewis Carroll);
- „Urlaub an der Nordsee." (Was für eine Welt haben Sie hier vor sich? Wie sieht der erste Satz aus? Was haben die Wellen, die ans Ufer rollen, mit Ihnen zu tun? Rollt vielleicht nicht mehr alles so wie früher?);
- „Sich in den eigenen Dschungel hineinbegeben, während Sie durch einen äußeren Urwald laufen." (Setzen Sie das Innere und

---

65 Das dicke Kind, Seite 9 ff., in: Marie Luise Kaschnitz, Eisbären, a. a. O., 1966.
66 Lewis Carroll, Alice hinter den Spiegeln, Frankfurt a. M., 1974.

das Äußere direkt miteinander in Beziehung, sprechen Sie aber nicht aus, dass beides miteinander zu tun hat, überlassen Sie das dem Leser.);

- „Schreiben über das Schreiben." (Wenn Sie die Entstehung einer Geschichte reflektieren, werden Sie sehen, dass Sie etwas sehr Authentisches erhalten; Beispiel: Mario Vargas Llosa „Das grüne Haus" und „Geheime Geschichte eines Romans"[67]).

Ohne Personen können Sie keine Geschichte schreiben. Fügen Sie einen Konflikt und einen Schauplatz hinzu, an dem die Handlung spielt. Das sind Ihre drei Muskeltiere, auf die Sie keinesfalls verzichten können.

Im Roman „Die drei Musketiere" von Alexandre Dumas[68] sind das Athos, Porthos und Aramis. Entscheiden Sie selbst, wem Sie welche Rolle zuweisen möchten.

Was aber Ihre Geschichten zusammenhält, ist die Hauptfigur, d'Artagnan, der im Titel des Romans gar nicht vorkommt.

Er ist das vierte Muskeltier, um das sich alles dreht und den man nicht erwähnt. In unserem Fall ist es der Plot oder das Knochengerüst Ihrer längeren Geschichte. Er ist Ihr Ziel und zugleich Ihr roter Faden.

---

67 Mario Vargas Llosa, Das grüne Haus, Frankfurt a. M. 1976; Geheime Geschichte eines Romans, Frankfurt a. M., 1992.
68 Lesetipp: Alexandre Dumas, Die drei Musketiere, verschiedene Ausgaben.

Hintergrund: Plot

Was Bilder, Ereignisse und Personen in Übereinstimmung bringt, ist der Plot. Stellen Sie ihn sich als eine Kraft oder einen Klebstoff vor. Er durchdringt jede Seite, jeden Absatz und jedes Wort. Eine Geschichte besteht aus einer Chronik von Ereignissen, die aber plötzlich eine Wendung nehmen. Der Leser fragt sich: Was geschieht als Nächstes? Und warum? Die Kette aus Ursachen und Wirkungen setzt sich fort und erzeugt ein Muster. Der Plot beteiligt den Leser am Warum-Spiel und schält den Kern einer Geschichte heraus. Im Mittelpunkt stehen die Charaktere, die die Handlung in die Hand nehmen.

Gerade bei einem Streckentext ist es wichtig, dass Sie schon am Anfang ein Konzept erstellen. Das ist nicht in Stein gemeißelt, sondern dehnt und streckt sich nach allen Seiten.

Meine Erfahrung: Ungefähr fünfzig Seiten können Sie ohne Planung bewältigen, dann fällt Ihr Text in sich zusammen und geht keinen Schritt weiter. Ihnen fehlt das vierte Muskeltier. Entwerfen Sie den Plot. Worum soll es gehen?

Ein Inhaltsverzeichnis wie im Schreibimpuls (43) kann für den Anfang eine große Hilfe sein. Ihre Sinne können Ihnen ebenfalls neue Türen öffnen. Wichtig ist, dass Sie den Leser in den Bann ziehen.

Schreibimpuls (44)
Sinnlich Schreiben

Vorbereitung: Ausgangspunkt für das Schreiben bleibt das Projekt aus dem Schreibimpuls (42). Nehmen Sie den Satzanfang: *Das erste Mal* ... und beziehen Sie ihn auf **Kapitel 3** aus dem Schreibimpuls (43). Sie haben bereits erste sinnliche Eindrücke gesammelt, auf die Sie jetzt zurückgreifen können.

Schreiben: Verfassen Sie einen Text, und lassen Sie sich durch Ihre sinnliche Welt treiben. Wiederholen Sie den Satzanfang und verstärken Sie das Thema, das Ziel, auf diese Weise.

Wiederholen: Überlegen Sie, welche ersten Male es in den anderen Kapiteln gibt. Schreiben Sie auch dazu.

Eine erste Sammel- und Orientierungsphase zu einem längeren Projekt ist wichtig. Ich muss am Anfang immer testen, wie mir ein Thema schmeckt, bevor ich mich ans Kochen mache. Kein Drama, wenn es richtig inszeniert ist. Versuchen Sie es.

Geschichten liegen auf der Straße. Doch in der Ausgangssituation muss bereits ansatzweise ein Konfliktstoff enthalten sein. Er kann real sein oder nur in der Fantasie des Autors existieren.

Woraus aber ergibt sich ein Konflikt? Die Schwierigkeiten zwischen den Menschen treiben auch unsere Charaktere um. Sei es

- im Kampf gegen höhere Mächte – Krieg, Naturkatastrophen oder Unfälle;
- gegen die Gesellschaft und die lieben Mitmenschen oder
- im Widerstreit mit sich selbst – gegen Krankheiten und Seelenpein.

Schreibimpuls (45)
Drama und Glück[69]

Vorbereitung: Ausgangspunkt für das Schreiben bleibt das Projekt aus dem Schreibimpuls (42); Beschäftigen Sie sich mit den sogenannten sechs K: Konflikte, Charaktere, Komplikationen, Krise, Katastrophe, Konklusion.

Schreiben:

1) Entscheiden Sie sich für den Haupt**konflikt**. Nehmen Sie eine Person, die ein Ziel verfolgt und dabei auf Widerstand trifft aus **Kapitel 1**, und schreiben Sie dazu.

2) Wählen Sie eine Person, einen **Charakter**, aus **Kapitel 4**, und charakterisieren Sie diese Figur ausführlich.

---

69 Nach Lutz von Werder, erinnern, wiederholen, durcharbeiten, a. a. O., Seite 168 ff.

3) Wie entwickelt sich Ihr **Konflikt**? Welche Komplikationen treten in **Kapitel 3** auf? Schreiben Sie einen kurzen Text dazu, greifen Sie auf Ihr Material aus dem Schreibimpuls (44) zurück.

4) Setzten Sie das innere Fragezeichen, das in Ihrem Text unsichtbar mitschwingt, die **Krise**, in einen inneren Monolog um, der im **Kapitel 2** spielt.

5) Wählen Sie aus **Kapitel 5** eine Szene, in der nur Handlung vorkommt. Schreiben Sie dazu einen Text, aber nicht in der Ich-Form, sondern verwenden Sie einen Namen. Wie spiegelt sich die Innenwelt in den Handlungen wider? Und auf welche Weise wird aus den Handlungen die **Katastrophe** deutlich, ohne dass Sie diese benennen müssen?

6) Formulieren Sie eine Schlussfolgerung (**Konklusion**) und verwandeln Sie Ihr Drama in eine Komödie mit überraschend glücklichem Ende. Sprechen Sie das Fazit Ihrer Geschichte nicht aus, sondern bringen Sie es dem Leser durch eine Handlung nahe.

Überarbeiten Sie Ihr **3-Satz-Exposé** aus dem Schreibimpuls (43).

Wiederholen: Verfolgen Sie den Hauptkonflikt in den anderen Kapiteln. Entwerfen Sie einen Schluss Ihres Streckentextes.

Unsere Figuren behaupten sich letztlich immer gegen das Schicksal. Wir sind gespannt, wie es ihnen gelingen wird, und legen den Text nicht mehr aus der Hand. Springen Sie mitten in einem Konflikt hinein, schaffen Sie Gegensätze. Erhöhen Sie so die Spannung.

Wie aber bringen Sie die Leser dazu, Ihren Charakteren zu folgen? Lernen Sie Ihre Personen kennen, die auf der Bühne das Stück spielen.

Hinweise: Personencharakteristik[70]

- Ihre Hauptpersonen brauchen einen Lebenslauf. Beginnen Sie am Anfang, zum Beispiel: *Ich wurde an einem Karfreitag geboren.* „Schmerzensfreitag", ist das erste Wort bei Arnold Stadler im Roman „Ich war einmal"[71] Welch ein Start! Ich bin sofort gespannt, wie es weitergeht. Lassen Sie Ihre Figur erzählen und unterbrechen Sie den Redefluss nicht. Folgen Sie den Worten, bis diese nicht mehr von Ihnen als Autorin oder Autor kommen, sondern von Ihrer Person, die nur noch sich selbst gehört.
- Testen Sie Ihre Hauptpersonen: Was würden sie tun, wenn sie eine Brieftasche mit 10.000 € fänden?
- Legen Sie Ihre Hauptfiguren auf die Couch. Führen Sie Interviews mit ihnen. Denken Sie nicht, Sie als Autorin oder Autor hätten

---

70 Unter anderem nach James N. Frey, Wie man einen verdammt guten Roman schreibt, Köln, 1993.
71 Arnold Stadler, Ich war einmal, a. a. O., Seite 7.

diese Gespräche im Griff. Wie beim Lebenslauf werden Ihnen Ihre Personen Dinge verraten, die Sie nicht eingeplant haben. Ich erinnere mich gut, wie sich zwei meiner Personen böse gestritten haben und ich Ihnen nur folgen konnte. Vorgesehen hatte ich diesen Konflikt nicht, aber er war gut. Die Personen wussten mehr als ich.

- Kämpft eine Ihrer Personen mit einem Trauma aus der Kindheit? Wie wird sie damit fertig?
- Ein Fremder trifft Ihre Hauptperson. Was sagt er über sie? Überlegen Sie sich ein Zitat.
- Gibt es ein Tier, das Sie Ihren Charakteren jeweils zuordnen können?

Nehmen Sie das überarbeitete 3-Satz-Exposé aus dem Schreibimpuls (45) zur Hand. Wie bewegen sich Ihre drei Muskeltiere in der Geschichte?

Sie haben die Charaktere entwickelt und die Konflikte springen Ihnen aus dem 3-Satz-Exposé förmlich entgegen. Und Sie wissen, welche Geschichte Sie erzählen möchten.

Sie kennen das Ziel und haben den roten Faden vom Ende zum Anfang ausgelegt und wieder zurück.

Doch wissen Sie auch, wo Ihre Geschichte spielt? Sie brauchen einen Ort, an dem Sie Ihre Handlung ansiedeln. Wie spiegelt Ihr Schauplatz die Konflikte zwischen den Charakteren wider? Gestalten Sie Plätze zu Schauplätzen.

Machen Sie einen Spaziergang und denken Sie über Ihre Welt nach. Warum spielt Ihre Geschichte dort und nicht woanders? Entwerfen Sie Ihre verschiedenen Handlungsorte und Ihre Welt mit allen Sinnen.

Skizzieren Sie nun Ihr gesamtes Torten-Projekt mithilfe eines ausführlicheren Exposés. Überprüfen Sie Ihre Erzählabsicht und fragen Sie sich, wie sich Ihre Hauptperson im Verlauf der Geschichte entwickelt. Was hat sie am Ende gelernt? Und wie hat sich die Situation gegenüber dem Anfang verändert?

Schreibimpuls (46)
Das Exposé – Eine Arbeitsgrundlage

Vorbereitung: Ausgangspunkt bleibt das Projekt aus dem Schreibimpuls (42).

Schreiben: Schauen Sie sich das 3-Satz-Exposé an, das sie im Schreibimpuls (45) überarbeitet haben. Ergänzen Sie es.

Prüfen Sie den Spannungsbogen und erweitern Sie den Anfang auf eine halbe Seite. Führen Sie die Hauptfiguren, den Schauplatz und den Konflikt ein.

Nehmen Sie sich dann den Schluss vor und gönnen Sie sich noch eine halbe Seite, um die Lösung zu verdeutlichen. Was ist am Ende anders als am Anfang?

Für den Mittelteil haben Sie eine Seite Platz. Zeigen Sie, wie sich die Handlung bis zum Höhepunkt entwickelt und leiten Sie im zweiten

Wendepunkt die Auflösung ein. Anders als im Text sprechen Sie im Exposé das Ende aus.

Welche Schlüsselgeschichte steht im Zentrum *Ihrer Jahre in ...* oder *Ihrer Zeit in ...*? Folgen Sie dem roten Faden und skizzieren Sie den Handlungsablauf.

Gestalten: Lesen Sie das Exposé jemandem vor. Wird deutlich, worum es geht? Überarbeiten Sie das Exposé noch einmal und achten Sie vor allem auf Verständlichkeit. Denken Sie daran, Spannung ergibt sich aus den Figuren und wie sie mit Konflikten umgehen.

Das Exposé bildet die Grundlage für Ihr Schreiben. Es hilft Ihnen, stets den roten Faden Ihrer Tortenstücke, also Ihrer Kapitel, im Blick zu behalten. Was Sie erstellt haben, ist ein Arbeitsexposé.

Möchten Sie Ihr Projekt einem Verlag oder einer Agentur anbieten, brauchen Sie ein Verkaufsexposé. Hinweise dazu finden Sie im Schreibratgeber von Hans Peter Roentgen, „Drei Seiten für ein Exposé"[72].

Bei längeren Texten hilft es, sich an den „20 Masterplots"[73] zu orientieren. Sie können Ihnen helfen, das universelle Muster für Geschichten auch auf autobiografische Texte anzuwenden. Hier eine Übersicht:

---

72 Hans Peter Roentgen, Drei Seiten für ein Exposé, Stuttgart, 2010.

73 Ronald B. Tobias, 20 Masterplots, Woraus Geschichten gemacht sind, Neuauflage, Berlin, 2016.

Hinweise: Masterplots –
autobiografische Geschichten

- **Die Suche**: innerer Plot, es geht um eine Person; um die Suche nach Glück;
- **Das Abenteuer**: äußerer Plot, es geht um eine Reise und abenteuerliche Stationen;
- **Die Verfolgung**: äußerer Plot, es geht um ein Versteckspiel und um Verfolgungssituationen;
- **Die Rettung**: äußerer Plot, es geht um Stationen der Rettung und um Gut und Böse;
- **Die Flucht**: äußerer Plot, es geht um Gründe für Flucht, um moralische Unterstützung;
- **Die Rache**: äußerer Plot, es geht um wilde Gerechtigkeit und eine gerechte Welt, aber auch um Traumata;
- **Das Rätsel**: äußerer Plot, es geht um Vieldeutigkeiten des Lebens und um rätselhafte Lebensphasen;
- **Die Rivalität**: innerer Plot, es geht um Recht haben und Konkurrenz, Rivalität unter Geschwistern;
- **Der Underdog**: innerer Plot, es geht um Erfolg haben, um die Frage nach der gesellschaftlichen Stellung und um Minderwertigkeitsgefühle;
- **Die Versuchung**: innerer Plot, es geht um Moral, die Verletzung von Regeln, um Vertrauensbrüche sowie kleine Kriminalitäten;

- **Die Metamorphose**: innerer Plot, es geht um Verfluchung und Liebe, um eine Zeit als Monster, Tier oder Pflanze;
- **Die Verwandlung**: innerer Plot, es geht um Veränderung und Desillusionierung, wenn das Leben plötzlich in eine andere Richtung geht;
- **Die Reifung**: innerer Plot, es geht um inneres Wachstum und um Abschied von der Kindheit; es geht ums Erwachsen werden;
- **Die Liebe**: innerer Plot, es geht um Liebe und Widerstände;
- **Verbotene Liebe**: innerer Plot, es geht um Konventionen und Untreue;
- **Das Opfer**: innerer Plot, es geht um einen persönlichen Preis und Veränderungen;
- **Die Entdeckung**: innerer Plot, es geht um heile Welt und Geheimnisse und um Lebenslügen;
- **Grenzerfahrung**: innerer Plot, es geht um psychischen Verfall und Mitgefühl, im Fokus stehen Lebenskrisen, die die Existenz bedrohen;
- **Aufstieg und Fall**: innerer Plot, es geht um Prüfungen und Schwächen, um Auf- und Abstiege im Leben.

Prüfen Sie Ihren Streckentext an den Masterplots. Welche Geschichte möchten Sie erzählen, wenn Sie Ihr Projekt betrachten? Wählen Sie zwei bis drei Masterplots aus und überlegen Sie, welcher am besten zu Ihrem Stoff passt.

Müssen Sie Ihr Exposé anpassen? Nur Mut, Sie haben einen guten Zeitpunkt gewählt. In einem nächsten Schritt verfassen Sie einen ausführlicheren Plan Ihres Projekts. Er wird auch Outline genannt. Stellen Sie sich diese wie eine gegliederte Inhaltsangabe vor. Halten Sie den roten Faden in der Hand und folgen Sie ihm.

Schreibimpuls (47)
Die Outline

Vorbereitung: Ausgangspunkt für das Schreiben bleibt Ihr Projekt aus dem Schreibimpuls (42). Legen Sie Ihr überarbeitetes 3-Satz-Exposé aus dem Schreibimpuls (43) und das Arbeitsexposé aus dem Schreibimpuls (46) neben Ihre Notizen und Materialien.

Schreiben: Skizzieren Sie die Handlung Ihres Streckentextes in chronologischer Reihenfolge. Entwerfen Sie so viele Szenen wie Ihnen einfallen. Notieren Sie zu jedem Tortenstück, also zu jedem Kapitel, eine Überschrift und maximal zehn bis zwölf Zeilen. Gliedern Sie Ihren Text.

Die Outline hilft Ihnen, sich über den Handlungsverlauf klar zu werden. Sie haben gemerkt, wie sich dieser beim Schreiben ständig verändert. Geben Sie dem nach und passen Sie ihn an. Finden Sie heraus, was in einem Kapitel wichtig ist. Legen Sie den Spannungsbogen mit dem **Primärereignis**, den beiden **Wendepunkten** und dem **Höhepunkt** wie ein Netz über die Zusammenfassung der Kapitel.

Überprüfen Sie noch einmal anhand Ihres Arbeitsexposés, ob Ihre Geschichte stimmig ist, und zwar sowohl vom Inhalt als auch vom Aufbau her.

Werfen Sie zum Schluss einen Blick auf das 3-Satz-Exposé. Es ist das kleinste Modell Ihrer Geschichte, wenn diese sich nicht darauf verdichten lässt, stimmt etwas noch nicht. Ich finde es immer am schwierigsten und habe großen Respekt vor diesem Kürzest-Exposé.

Machen Sie sich einen Zeitplan, wann Sie an Ihrem Streckentext arbeiten möchten. Seien Sie realistisch und nehmen Sie sich nicht zu viel vor. Schreiben Sie lieber regelmäßig. Selbst wenn Sie jeden Tag nur zehn Minuten Zeit haben, bringen auch ein paar Sätze Ihre Geschichte voran. Wort für Wort. Und wie bei einem Marathon, Schritt für Schritt.

Zusammenfassung

Das Planen hilft Ihnen beim Schreiben einer längeren Geschichte. Mit dem 3-Satz-Exposé, dem Arbeitsexposé und der Outline wissen Sie nun, wie Sie vorgehen könnten. Finden Sie Ihren eigenen Weg. Sie können Ihre Geschichte auch im Kopf entwickeln, bevor Sie mit dem Schreiben beginnen. Ich brauche etwas, woran ich mich festhalten kann. Meistens zeichne ich mir sogar den Verlauf der Handlung auf. Geben Sie Ihren Ideen eine Gestalt.

Elizabeth George sagt: „Ich fange erst an, wenn ich eine Idee habe. [...] Zu ihr gehört auch, über das Primärereignis nachzudenken, das [...] den Stein ins Rollen bringt, über den Bogen der Geschichte, der Anfang, Mittelteil und Schluss umfasst, oder eine interessante Situation, die unmittelbar auf eine Reihe von Figuren verweist, zwischen denen ein Konflikt besteht."[74]
Ergänzen Sie für sich noch den Schauplatz. Jetzt haben Sie Ihre drei Muskeltiere beieinander. Lassen Sie sie miteinander spielen und entwickeln Sie mit dem vierten Muskeltier den Plot für Ihren Streckentext.

Gönnen Sie sich während des Planens aber auch immer wieder kreative Momente. Die Freude am Schreiben ist das Wichtigste. Lassen Sie Ihre Figuren erzählen. Folgen Sie ihrem Redefluss. Es sind die Personen, die als Charaktere die Geschichte erschaffen. Und vielleicht haben sie sich am Ende alles nur ausgedacht.

---

74 Elizabeth George, Wort für Wort, a. a. O. Seite 238.

Kapitel 5: Es war aber so – Erfinden I
Dichtung und Wahrheit

Falls Sie das Gefühl haben, noch zu sehr an der eigenen Wahrheit zu kleben, gehen Sie ganz im klassischen Sinne als Handwerksgeselle eine Weile auf Wanderschaft.

Erweitern Sie Ihren Horizont und Ihre Kenntnisse zum Erfinden von Geschichten. Lassen Sie sich aus Ihrer vielleicht allzu biografischen Ecke locken mit dem Begriff der Lüge.

Dieses Kapitel und auch das folgende wurden inspiriert von der Themenstellung und der Gruppenarbeit bei der Jahrestagung des Segeberger Kreises in Villigst im März 2003.[75]

In Villigst habe ich vier Skizzen aus dem Panorama einer ganz normalen Kindheit verfasst und sie später zu Minutennovellen gestaltet. Es sind Experimente, die in einer Lügenwelt spielen, unerhörte Begebenheiten provozieren und sie als wahr erscheinen lassen.

Am Anfang ist die Mutter das Schicksal der Tochter, am Ende wird die Tochter zum Schicksal der Mutter. Ausgangspunkt für mein Schreiben war dieser alte Vorwurf aus der Kindheit: *Du lügst!*

Spaß an der Unwahrheit und eine große Lust am Erfinden zu haben, gehört wohl zum Wesen eines Kindes, das die Welt verstehen will.

---

75 Segeberger Briefe No. 67, Dichtung und Wahrheit, Über den Gewinn der Lüge beim Schreiben, Februar 2003 und Segeberger Briefe No. 68, Erlogene Wahrheiten, Texte aus Villigst, Oktober 2003, herausgegeben vom Segeberger Kreis e. V., Gesellschaft für kreatives Schreiben.

Wie aber kann diese unbändige Kinderlust an der Lüge in die Erwachsenenwelt kommen? Die Wahrheiten verschiedener Personen von der Welt lassen sich niemals vollständig in Deckung bringen. Und doch steht uns eben nur diese eine Welt mit ihren Widersprüchen und Zusammenhängen zur Verfügung.

„Absurd ist das Ganze, so wie es ist", das sagt György Konrád in einem Nachwort zu den Minutennovellen von István Örkény.[76]

Gehen Sie zurück zu Ihrem Kindheits-Ich und übertragen Sie das unbekümmerte Denken von damals in die Gegenwart.

In Radiosendungen wird immer wieder eine Hitliste erstellt, die TOP TEN. Eine Rangliste, ob mit Musiktiteln oder Buchempfehlungen. Auch zu Beginn eines Jahres schreiben sich viele von uns eine Liste mit guten Vorsätzen. Nicht selten machen wir uns dabei etwas vor und lügen uns in die eigene Tasche.

Schreibimpuls (48)
TOP TEN der Lebenslügen

Vorbereitung: Erstellen Sie eine Liste mit Lebenslügen und seien Sie ehrlich mit sich selbst. Skizzieren Sie zehn (kleine oder auch größere) Unwahrheiten oder Alltagslügen aus Ihrem Leben in jeweils einem Satz. Nummerieren Sie die Sätze durch.

---

76 István Örkény, Minutennovellen, Frankfurt a. M., 2002, Seite 161.

Beispiele: Wenn ich aufs Gymnasium gegangen wäre, hätte ich es im Leben leichter gehabt. – oder – Wenn ich in einem gut situierten Elternhaus aufgewachsen wäre, hätte ich Klavier spielen gelernt und wäre heute eine berühmte Pianistin. – oder – Mit einem großen Bruder wäre das Leben einfacher gewesen.

Schreiben: Bitten Sie jemanden, Ihnen eine Nummer zu sagen, und schreiben Sie zu diesem Satz. Lassen Sie ihn zur Wahrheit werden. Schreiben Sie eine kurze Geschichte und verändern Sie Ihre eigene Biografie. Dichten Sie sich selbst ein anderes, vielleicht glücklicheres Leben an.

Bearbeiten: Treiben Sie den Satz übungshalber so auf die Spitze, dass es völlig absurd wird, was passiert.

Wiederholen: Was nehmen Sie sich immer wieder vor und verwirklichen es dann doch nicht? Schreiben Sie darüber, wie Sie zum Beispiel das Rauchen nicht aufgegeben haben. Erzählen Sie sich eine Geschichte.

Autobiografisch zu schreiben heißt scheinbar auch, es darf nichts von außen in den Text hineinkommen. Es *war aber so!*, ist ein beliebter Ausspruch, den ich von Teilnehmerinnen und Teilnehmern in Schreibwerkstätten immer wieder höre.

Wenn Sie aber die einen oder anderen Fremdgewürze benutzen, vielleicht auch einen Koch engagieren oder ein neues Rezept ausprobieren, vermischen Sie Dichtung und Wahrheit. Schon Goethe hat darum gewusst, dass dies ein gutes Rezept ist: „Das wirkliche Leben verliert oft dergestalt seinen Glanz, daß man es manchmal mit dem Firnis der Fiktion wieder auffrischen muß", sagt er in „Dichtung und Wahrheit".[77]

Lebenslügen, Unwahrheiten oder Alltagslügen, ohne dass wir sie so benennen, dienen dazu, besser durch das Leben zu kommen und es erträglicher zu gestalten.

In diesem Sinne könnten Ihre Lebenslügen Glaubenssätze sein, wie Sie Ihre Biografie sehen wollen. Warum sind sie entstanden? Vermutlich aus einer Unzufriedenheit oder einer Unsicherheit heraus.
Montaigne (ein französischer Schriftsteller und Philosoph, 1533 – 1592) schuf mit seinen *Essais* eine neue literarisch-philosophische Gattung: persönliche Reflexionen und Gedanken über verschiedene Zeit- und Lebensfragen. Er sagt sinngemäß: *Es sind nicht die Dinge selbst, die uns ein Leben lang umtreiben, sondern es sind die Vorstellungen, die wir uns von den Dingen machen.*

Und schon sind Sie, wenn Sie sich Ihr Leben vor Augen führen und sich davon eine Vorstellung machen, beim Erfinden gelandet. Sie haben Ihre Autobiografie verlassen und sich literarische Freiheiten genommen.

Wenn Sie Ihren kleinen und großen Lebenslügen nachspüren, stellen Sie unter Umständen fest, dass Sie schon immer ein anderes Leben wollten und längst begonnen haben, sich eines anzudichten.

---

77 Johann Wolfgang von Goethe, Dichtung und Wahrheit, a. a. O., Seite 408.

Nach John Kotre frönen wir nämlich einer heimlichen Leidenschaft: Wir denken uns eine Geschichte über uns selbst aus und schaffen so einen persönlichen Mythos.

„In dem Sinn [...] ist ein Mythos nicht eine Unwahrheit, sondern eine umfassende Sicht der Realität, eine andere Art von Wirklichkeit."[78]

Es geht nicht darum, jemanden zu täuschen mit unserer Lebenslüge, sondern die Realität, oder was wir dafür halten, auf eine neue Art und Weise zu betrachten.

„In der Antike waren Erkenntnis- und Vorstellungswelt ununterscheidbar. [...] Homers Ilias [galt] den Griechen als wissenschaftliche Geschichte [...] ebenso wie den Römern die Werke des Tacitus, der munter Legenden und Fakten durcheinander mischte."[79]

Heute gehört das Lügen in die Vorstellungswelt – die Realität und damit die Wahrheit in die Erkenntniswelt.

Dabei begann alles mit René Descartes (französischer Philosoph, 1596 – 1650), der gesagt hat: *Ich denke, also bin ich.*

Seitdem darf nur das Erkennbare dem Wahrheitsgrund der menschlichen Existenz zugerechnet werden. Alles andere sind nur Lügen, Schwindeleien, Schönfärbereien, Unwahrheiten, Erfindung. Oder?

---

78 John Kotre, Weiße Handschuhe, Wie das Gedächtnis Lebensgeschichten schreibt, München, 1995, Seite 146.

79 Hartmut Lange, Irrtum als Erkenntnis, a. a. O., Seite 7.

Schreibimpuls (49)
Lust am Lügen

Vorbereitung: Machen Sie eine Liste von Personen, zu denen Sie ein gespaltenes Verhältnis haben (Mutter, Vater, Bruder, Schwester, Ehemann, Geliebter ...). Nummerieren Sie die Personenliste durch. Lassen Sie sich von jemandem zwei Nummern sagen.

Schreiben: Geben Sie den Personen andere Namen und ändern Sie ihr Aussehen. Schreiben Sie eine Kürzestgeschichte von ein bis zwei Seiten und verstricken Sie die beiden Personen in einen Dialog miteinander. Lassen Sie eine der beiden Personen zum Schluss verschwinden.

Wiederholen: Führen Sie die Übung so lange mit anderen Personen durch, bis Sie Spaß daran finden und es für Sie ganz natürlich erscheint, dass jemand zum Schluss verschwindet, denn es handelt sich ja nicht um einen lebenden Menschen oder vielleicht doch?

In der Realitätserfahrung des Kindes sind Erkenntnis- und Vorstellungswelt nicht getrennt, da das Kind noch keine oder nur eine sehr geringe Fähigkeit zur Erkenntnis hat. Seine Erfahrung stammt aus der einfachen Anschauung und wo diese nicht ausreicht, beginnt die (naive) Vorstellungswelt. Wie in meiner Minutennovelle vom Kopftuch.

Beispiel: Das Kopftuch [80]

Es hatte einen roten Rand und war bedruckt mit Zeitungsartikeln aus aller Welt. Barbara hatte im Sommer allein bei Oma Bremen Ferien gemacht und das Kopftuch an einem Verkaufsstand am Hafen gesehen. Abends schauten Oma und sie Sandmännchen und reisten zusammen auf dem Kopftuch dorthin, wo die Buchstaben und der Wind herkamen. [...]

„Mach nicht so viel Wind", sagte die Mutter zu Hause und zog das Kopftuch fest über Barbaras Ohren. Jetzt hatte Barbara den Wind im Kopf und dazu die Zeitungsworte. [...] Sauseohren, Ohrenweh. „Sag ich doch", sagte die Mutter. „Sei lieb."

Oma Bremen kam zu Besuch, faltete aus dem Kopftuch ein Dreieck und verknotete zwei Ecken miteinander. „Das ist jetzt eine Kopftuchtüte", sagte sie. Barbara nahm *sag-ich-doch* von der Mutter und legte es hinein. Auch *mach-nicht-so-viel-Wind* und *sei-lieb* fanden Platz.

„So, alles gut einwickeln und noch mal einschlagen", sagte Oma Bremen. „Jetzt hast du ein Flugzeug."

„Nein", schrie die Mutter. „Lasst mich raus."

Oma Bremen lachte und legte schnell noch ein paar Buchstaben Mutter in die Tüte. Barbara warf die Zeitungskopftuchtüte hoch und höher, bis die Mutterworte flogen. [...]

---

80 Jutta Weber-Bock, Das Kopftuch, in: Segeberger Briefe No 68, a. a. O., Seite 43 f.

„Das kannst du nicht", rief die Mutter. Ihre Stimme wurde leiser und leiser.

Barbara konnte alles, was sie wollte. Der Wind kam nur von einer Seite und wehte die Mutterworte weg.

In Kürzestgeschichten und Minutennovellen, können Sie diese Realitätserfahrung des Schriftstellers besonders gut auf den Punkt bringen.

Der Novellist Hartmut Lange erinnert sich, wie er noch im Krieg beim Schlittschuhlaufen in Polen auf einem zugefrorenen Teich plötzlich eine V1-Rakete über sich hinwegfliegen sah, die irgendwo am Horizont explodierte. Das habe ihn nicht davon abgehalten, weiter Schlittschuh zu laufen, berichtet er.[81]

Was in der Wirklichkeit vor sich geht, gehört in keinster Weise der Vorstellungswelt des Kindes an. Es ist unfähig, den Erlebnishorizont objektiv zu deuten.

Hintergrund:
Kürzestgeschichten[82] und Minutennovellen

Kürzestgeschichten sind gedrängter als eine Kurzgeschichte, mehr verdichtet und zugespitzt. Sie sind für den raschen Gebrauch bestimmt. „Kürzer als ein Haarschnitt lang."[83]

---

81 Nach Hartmut Lange, Irrtum als Erkenntnis, a. a. O., Seite 11 ff.

82 Nach Urs Meyer, Kurz- und Kürzestgeschichte, in: Kleine literarische Formen in Einzeldarstellungen, Stuttgart, 2002; nach Hans-Christoph Graf von Nayhauss, Kürzestgeschichten, Stuttgart, 1982, Seite 5 ff.

83 Vgl. Paul Fechter, Kleines Wörterbuch für literarische Gespräche, Short Story, Gütersloh, 1949, zitiert nach Hans-Christoph Graf von Nayhauss, Kürzestgeschichten, a. a. O., Seite 5.

147

Kürzestgeschichten betonen den Zeitcharakter und laden zum Weiterdenken ein. Ihr Echo hallt noch lange nach in uns.

Minutennovellen stellen wie ihre große Schwester, die Novellen, ein unerhörtes Ereignis in den Vordergrund. Nur sehr viel kürzer. Eine Tulpe, die sich vom Fensterbrett stürzt, weil sie keine Tulpe mehr sein will. So lässt sich eine Minutennovelle von István Örkéney zusammenfassen. Er sagt: „Solange das Frühstücksei kocht [...], lesen Sie eine Minutennovelle."[84]

Und eben an dieser Stelle beginnt auch die Realitätserfahrung des Schriftstellers, so Hartmut Lange.

Doch auch als Erwachsene können und wollen wir die Wirklichkeit manchmal nicht sehen, dann erfinden wir uns Lebenslügen und bringen die Erlebnisse mit unserer Vorstellungswelt wieder in Einklang.

Sie können leichter ins Erfinden hineinkommen, wenn Sie eine scheinbar unpassende Textsorte wählen. Dieses Nicht-Zueinander-Passen-Wollen kann zeigen, wie eng bei einem persönlichen Erlebnis Dichtung und Wahrheit verbunden sind.

Nehmen Sie zum Beispiel eine romantische Schilderung für eine Szene aus einem Ehedrama oder eine Bedienungsanleitung für eine heiße Liebesszene. Ehedramen und Liebesszenen finden Sie vermutlich an den zentralen Stellen Ihrer Biografie. Das können Ereignisse oder auch Orte sein, die besonders frequentiert sind, heiße Stellen, wie bei einem Vulkan.

---

84 István Örkény, Minutennovellen, a. a. O., Seite 9, Gebrauchsanweisung und Seite 13 f.

Schreibimpuls (50)
Hotspots

Vorbereitung: Machen Sie eine Liste von sogenannten heißen Stellen in Ihrer Biografie. Es sind, auch im übertragenen Sinne, Orte mit Gänsehaut. Wählen Sie einen Hotspot aus.

Beispiele: Die Geburt eines Geschwisters, die Scheidung der Eltern, Auszug von zu Hause mit siebzehn.

Schreiben: Skizzieren Sie die Situation in ein bis zwei Seiten.

Bearbeiten: Überlegen Sie anschließend, wie Sie das Erlebte fiktionalisieren können. Verändern Sie zum Beispiel die Perspektive, führen Sie neue Personen ein, nehmen Sie eine dialogische Bearbeitung vor oder lassen Sie jemanden das Gegenteil davon behaupten, was wirklich passiert ist.

Gestalten: An Ihrem Hotspot wartet viel Modelliermasse auf Sie. Kneten Sie nach Herzenslust, seien Sie Kind und Künstler in einer Person. Nehmen Sie Ihr Material, und formen Sie eine Geschichte daraus.

Wiederholen: Schreiben Sie zu einem anderen Hotspot ihrer Biografie.

Ein Hotspot übt eine starke Anziehungskraft aus, da in ihm ein großes Konfliktpotenzial verborgen ist. Aus ihm entwickeln sich Schlüsselgeschichten. Und je öfter Sie diese erzählen und genüsslich ausschmücken, desto wahrer werden sie. Oder? Mir geht es jedenfalls so.

Beispiel: Die Nähmaschine[85]

Das Fenster war offen. DRrrrrrr. Die Mutter nähte. Barbara stand vor der Haustür und den Geranien, hielt Schulranzen und Schlüssel in der Hand. DRrrrrrr. Das waren Gardinen. Heimarbeit. Die Mutter war immer da. Wie im Zoo der Wärter. Beaufsichtigte den Bruder und sie. Vor allem sie. „Nicht mal einen Faden einfädeln können, aber lesen", sagte die Mutter immer. DRrrrrrr. Barbara wollte die Wohnungstür aufschließen, aber sie war schon offen, wie von selbst. Die Holzdielen im Flur bebten. DRrrrrrr. Sie dachte schneller, atmete im DRrrrrrr-Rhythmus, von ganz tief unten nach ganz hoch oben. In der Küche waberte der Geruch dicker Bohnen, sie kriegte keine Luft und rannte zum Fenster, wo die Nähmaschine DRrrrrrr machte, aber plötzlich schwieg. Barbara würgte. Riss sich vom Fensterbrett los und büßte dabei zwei Fingerkuppen ein. Auf dem Küchentisch lag die hellgrüne Bügeldecke, war etwas zur Seite gezogen, aber am Rand stand heute kein Teller. Das Bügeleisen knackste leise. DRrrrrrr, ging es weiter. Auf dem Kohlenherd klapperte der Teller im Wasserbad. Gardinen bauschten sich auf dem Küchenlineoleum, reckten sich in die

---

85 Jutta Weber-Bock, Die Nähmaschine, in: Segeberger Briefe No 68, a. a. O., Seite 44 f.

Höhe, wiegten sich wie eine Kobra, das Bügeleisen zischte und hinterließ einen Abdruck auf ihrem Arm. DRrrrrr. Schnipp. Sie rieb die Augen und hielt die Luft an. Sah wie der Fadengeber an der Nähmaschine sich wieder nach unten bewegte, zögernd, dann hoch und hinuntersauste. DRr – drrr – DRrrrr. Der Fußboden wölbte sich unter dem Küchensofa hervor. Barbara wurde schwindelig vom Auf und Ab der Nähnadel. Ihr Pulli blähte sich auf, sie hielt sich daran fest. Die Bleikordel zog die Gardine zu Boden. Einen Schritt. Noch einen. Die Küchenschürze der Mutter. Eingenäht neben dem Gardinenband. DRp – drrppp – DRrpppDrr, machte die Nadel, hörte sich abgebrochen an. Sie streckte die Hand aus, fühlte keinen Schmerz, ließ sich vernähen, würde ein gutes Leben haben, wie die Mutter es sich vorgestellt hatte.

Lukian von Samosata gilt als der bedeutendste Satiriker der Antike und hat auch parodistische Reiseberichte verfasst, die er „Wahre Geschichten" nennt. Sie erzählen von etwas, das nicht ist und nie sein wird. Wie ich von dieser Nähmaschine der Mutter, die in meinem Gedächtnis ein Eigenleben führt und die Dinge anders erscheinen lässt, als sie passiert sind.

Also: Nur Mut! Lügen Sie und geben Sie es ruhig zu, wie Lukian. Er schützt sich selbst vor dem Vorwurf der Lüge und der Täuschung, indem er sagt: „Denn wenigstens darin sage ich die Wahrheit, daß ich lüge. [...] Ich schreibe über Dinge, die ich weder selbst gesehen noch durchlitten, noch von anderen erfahren habe – Dinge, die es in Wahrheit gar nicht gibt und die es auch nicht geben kann."[86]

Versuchen auch Sie sich an solch wahren Geschichten, die Sie erfinden und die gar nicht wahr sein können.

Schreibimpuls (51)
Entschwunden!

Vorbereitung: Stellen Sie sich vor, dass eine Person, die Sie gut kennen, verschwunden ist.

Schreiben: Wählen Sie zunächst eine Textsorte, zum Beispiel einen Brief, ein Telefongespräch, einen inneren Monolog oder die Form der Chronik, um das Verschwundensein zu thematisieren. Schreiben Sie auch über die damit verbundene Angst. Doch keine Sorge, es passiert ja alles nur in Ihrer Vorstellung.

Bearbeiten: Stellen Sie sich zum Schluss die Frage, was letztlich der Realität entspricht, was nur den Anschein von Wahrheit erhebt und was komplett erfunden ist. Wie hat sich Ihre Angst gewandelt?

Wiederholen: Schreiben Sie auch zu den Aussprüchen *Vor Scham im Boden versinken ...* oder *Es regnet Bindfäden ...* und nehmen Sie sie wörtlich. Sie merken, hier können Sie gar nicht bei der Wahrheit bleiben.

---

86 Lukian von Samosata, Wahre Geschichten, Zürich, 2000, Seite 7.

Eine direkte Entsprechung zwischen einem erzählten Text und der Wirklichkeit gibt es nicht, auch wenn ein solcher manchmal behauptet wird.

Wir nehmen uns aus dem, was wir für wirklich halten, etwas heraus und arrangieren es so, wie es uns gefällt oder wie wir es vielleicht gerade noch ertragen.

Mit dem Schreiben erschaffen wir eine neue Wirklichkeit. *Es könnte so gewesen sein.* Darin besteht das Lesevergnügen. Und wir wiederholen diesen Prozess letztlich mit jedem Text.

Schreibimpuls (52)
Revisionen

Vorbereitung: Gehen Sie zurück zu einem Knotenpunkt in Ihrer Biografie. Führen Sie sich einen solchen Hotspot vor Augen und überlegen Sie, was damals zur Wahl gestanden hat.

Schreiben (1): Welche Abzweigung hätten Sie gehen können und welchen Weg haben Sie ausgewählt? Skizzieren Sie Ihre Entscheidung und überlegen Sie, welche Schlüsselgeschichte daran hängt.

Schreiben (2): Wählen Sie einen anderen als den tatsächlich eingeschlagenen Weg und geben Sie Ihrem Leben schreibend eine andere Richtung. Schreiben Sie eine Kürzestgeschichte von maximal zwei Seiten und erfinden Sie sich eine andere Schlüsselgeschichte.

Bearbeiten: Überlegen Sie für sich: Hättest du das wirklich getan? Reflektieren Sie das Geschehene und bauen Sie es als inneren Monolog in der Ich-Form und im Präsens in Ihre Kürzestgeschichte ein.

Gestalten: Fügen Sie übungshalber eine neue Person in Ihren Text ein und übertreiben Sie es mit ihr ruhig ein bisschen.

Wiederholen: Nehmen Sie sich andere Knotenpunkte, und verfahren Sie ebenso, bis Sie Lust bekommen, Ihr ganzes Leben neu zu erfinden.

„Je nachdem, welche Komponenten, welche Lebensereignisse, ich für die »Erzählung meiner selbst auswähle«, welche ich integriere oder auch auslasse, erschaffe, bestimme ich meine Identität bzw. die Sicht auf sie anders, ändere sie, graduell oder auch entscheidend",[87] sagt Katrin Bothe.

Unsere Biografie ist kein Film mit Szenen, die sich in ordentlicher Reihenfolge für einen Betrachter abspielen. Ständig werten und bewerten wir. Wir kitten die Lücken und Leerstellen, bewegen und bearbeiten das Material unseres Lebens.

Und doch haben Schlüsselerlebnisse weiter eine Signalwirkung, die wir willentlich nicht abstellen können. Sie sind, wie ein Film, „geronnene Zeit".[88]

---

87 Katrin Bothe, Segeberger Briefe No 67, a. a. O., Seite 4.
88 Charlotte Kerr, Die Frau im roten Mantel [Sieben Jahre mit Dürrenmatt], München, 1992, Seite 249.

Zusammenfassung

Durch das Schreiben können Sie etwas erkennen, aber das ist Ihre subjektive und keine objektive Wahrheit. Wenn Sie aber für andere schreiben, suggerieren Sie, dass es sich eben um eine solche objektive Wahrheit handelt und so gewesen sein könnte.

Nach Joseph Campbell ist die Metapher als Wirklichkeit zu sehen und die Wirklichkeit wiederum als Metapher. Der Künstler macht sich in seinem Schaffen die eigenste innere Wahrheit bewusst, wobei die Skulptur, das Bild oder der Roman als Transportmittel fungiert.[89]
Vergleichbar sind die Überlegungen von Peter Handke. Er sagt, dass jeder Satz eine Geschichte hat und sich die satzweise Beschreibung der Außenwelt zugleich als Beschreibung der Innenwelt, des Bewusstseins des Autors erweist, und umgekehrt und wieder umgekehrt.[90]

Wie in der Wissenschaft gibt es auch in der autobiografischen Literatur eine Unschärferelation, sagt Hartmut Lange. Erkennen sei eine subjektive und keine objektive Eigenschaft. Es war nicht so und wird nie sein, wie es passiert ist.[91]
Darum erwächst aus der Dichtung die Wahrheit, auch und gerade deswegen, weil es eben nicht so war.

---

89 Nach Joseph Campbell, Die Mitte ist überall, Die Sprache von Mythos, Religion und Kunst, München, 1992.
90 Nach Peter Handke, Das Gewicht der Welt, Ein Journal (November 1975 - März 1977), Salzburg, 1977.
91 Nach Hartmut Lange, Irrtum als Erkenntnis, a. a. O., Seite 45.

Kapitel 6: Es war nicht so – Erfinden II
Wahrheit und Dichtung

Es sieht also so aus, als ob uns Lügen das Schreiben erleichtern könnten. Wehrt sich etwas in Ihnen, unehrlich zu sein oder sogar zu lügen? Glückwunsch! Sie sind ein moralisch integerer Mensch.

Doch trauen Sie sich und legen Sie beim Schreiben literarische Maßstäbe an. Sie werden merken, wie sich die Wirklichkeit unmerklich verschiebt. Sie schaffen Distanz zu Ihrem Leben und können Ihre Biografie im kreativen Spiel bearbeiten und gestalten.

Auch wenn wir sie nicht so benennen, mit Lebenslügen sind wir alle schon in Berührung gekommen. Jeder und jede von uns hat sie für den Hausgebrauch: *Ab morgen esse ich mehr Gemüse* und schon verirrt sich ein Steak in den Einkaufskorb. Und wenn wir auf eine Party gehen, sagen wir: *Ich bin gerne Single* und sind in Wirklichkeit todtraurig, weil die Welt nur aus Pärchen zu bestehen scheint.

Wecken Sie Ihre Fabulierlust und nutzen Sie diese für das Schreiben autobiografischer Texte. Spinnen Sie ein Netz, in dem Sie selbst am Ende nicht mehr wissen, was wahr ist und was Sie erfunden haben.

Schreibimpuls (53)
Das Lügen-Lebens-Netz

Vorbereitung: Notieren Sie neun Sätze über sich selbst. Aber: Drei davon sind gelogen, doch das weiß niemand außer Ihnen.

Schreiben: Nehmen Sie zwei wahre Sätze und einen gelogenen, und lassen Sie diese zusammen kommen. Dafür brauchen Sie wieder die drei Muskeltiere: Personen, Schauplatz und Konflikt. Zusammen sind sie stark. Die drei schwören Ihnen immer wieder ewige Treue und enttäuschen Sie nicht. Schreiben Sie drei Seiten.

Bearbeiten: Bauen Sie in die Situation einen kurzen Dialog zwischen zwei Personen ein.

Gestalten: Lesen Sie den Text jemandem vor, den Sie kennen. Kann derjenige zwischen Wahrheit und Dichtung unterscheiden? Ändern Sie Ihren Text an den Stellen, wo er noch zu sehr an Ihrer Person klebt. Nehmen Sie das vierte Muskeltier, den Plot, hinzu und fragen Sie sich, wohin der Text gehen soll.

Wiederholen: Führen Sie die Übung mit anderen Sätzen über sich selbst erneut durch. Denken Sie sich weitere Sätze aus, frei nach dem Motto: Das Leben könnte so schön sein, wenn ...

Vom Lügen zu sprechen ist provokant, aber wirksam. Kein Kriminalschriftsteller käme auf die Idee, die Morde selbst zu verüben, bevor er oder sie darüber schreibt. Warum also tun wir uns so schwer damit, am Schluss einer Geschichte eine Person verschwinden zu lassen?

Mir hat es in meinen Minutennovellen „Das Kopftuch" und „Die Nähmaschine" großes Vergnügen bereitet, aber ich muss zugeben, ich hatte ein schlechtes Gewissen, sodass es am Ende nicht nur die Mutter getroffen hat, sondern auch die Tochter.

Spüren Sie im Schreiben den Widersprüchen in Ihrem Leben nach. Sie können sich literarische Freiheiten nehmen, ohne jemandem wehzutun. Ich verspreche Ihnen, Sie haben viel Spaß dabei und die Ideen fliegen Ihnen zu.

Es gibt zugegebenermaßen verschiedene Qualitäten von Lügen und manchmal können sie auch eine ungute Eigendynamik entwickeln. Seien Sie bodenständig und halten Sie sich an Gegenstände. An einem Klavier oder einem Sofa ist alles real. Sie können es greifen, aber wer weiß, was damit im Laufe eines Jahres passieren wird.

Schreibimpuls (54)
Autobiografie eines Jahres

Vorbereitung: Listen Sie die Monate eines Jahres auf. Suchen Sie sich zwölf Gegenstände, einen für jeden Monat des Jahres. Denken Sie an die drei Muskeltiere: Schauplatz, Personen und Konflikt. Wo befinden sich Ihre Gegenstände? Suchen Sie sich jeweils einen Schauplatz. Stellen Sie jeden Monat unter ein Motto, das als Überschrift fungiert. Überlegen Sie sich zu jeder Überschrift zwei bis drei Personen, die in dem entsprechenden Monat vorkommen. Die Monate könnten Kapitel Ihrer (literarischen) Autobiografie sein. Identifizieren Sie zum Schluss die Konflikte zwischen den Charakteren, die mit den Gegenständen verbunden sein sollten.

Schreiben: Suchen Sie sich ein Kapitel aus, und schreiben Sie ein bis zwei Seiten, in denen mit dem Gegenstand etwas Verrücktes passiert. Wie geht es Ihren Figuren dabei?

Gestalten: Nehmen Sie das Material und formen Sie jedes Kapitel zu einer Kürzestgeschichte. Arbeiten Sie das Nicht-Reale heraus und holen Sie wieder das vierte Muskeltier hinzu, dieses Mal als Souffleur in Ihrem Stück. Was flüstert er Ihnen ein?

Vielleicht haben Sie gemerkt, wie Lügen einen wahren Kern haben und es Spaß macht, diesen eben doch aus den Texten herauszudestillieren. Nichts anderes versucht ja auch der Leser.

In seinem Buch „Die Tatsachen" schreibt der Autor Philip Roth an seine Hauptfigur Zuckerman: „Erinnerungen an die Vergangenheit sind keine Erinnerungen an Tatsachen, sondern Erinnerungen an die Vorstellungen, die man sich von den Tatsachen gemacht hat."[92] Das ist eng an Montaigne angelehnt.

Sie haben eine andere Erinnerung vom neunzigsten Geburtstag der Großmutter als Ihre Geschwister? Glückwunsch! Die anderen erzählen eine Geschichte dieses großen Tages, die sich vollkommen von Ihrer Wahrnehmung unterscheidet? Umso besser. Sie stellen

---

92 Philip Roth, Die Tatsachen, Autobiographie eines Schriftstellers, München, 1994, S. 14 f.

sich alle zusammen und jeder für sich, ohne Absprachen, im Rückblick vor, was passiert ist, doch niemand hat dieselbe Erinnerung wie Sie.

Versuchen Sie, im letzten Schreibimpuls eine Vorstellung zu erzeugen, die nur in Ihnen existiert. Eine Wahrnehmung, die real nicht passieren kann, oder vielleicht doch? Versuchen Sie, es zu verstehen, warum Erinnerungen sich unterscheiden.

Schreibimpuls (55)
Die Verfolgung

Vorbereitung: Gehen Sie eine Viertelstunde durch die Wohnung oder messen Sie den Garten mit Ihren Schritten ab. Es kommt zunächst nur aufs Denken und aufs Fühlen an. Notieren Sie noch nichts. Versuchen Sie, in sich eine Vorstellung zu erzeugen und sich in etwas hineinzusteigern. Stellen Sie sich vor, Sie würden von etwas verfolgt. Am besten eignet sich ein konkreter Gegenstand, wie zum Beispiel ein leerer Kaffeebecher, ein überquellender Mülleimer oder auch ein Haus. Es sollte etwas Unbelebtes sein, kein Tier und keine Pflanze, auch keine Person oder ein Gefühl. Bleiben Sie zunächst ganz in Ihrer Vorstellung und kosten Sie diese aus. Schreiben Sie noch nicht, aber seien Sie in Bewegung.

Anmerkung: Wenn Sie bei Ihrer Wahrnehmung von außen ausgehen, sich zum Beispiel umsehen oder hören, können Sie kleine Tricks anwenden und dadurch etwas Ungewöhnliches entdecken. Sie können sich beim Hören die Ohren zuhalten und Geräusche dämpfen oder sich auf ein Geräusch, wie zum Beispiel die Klospülung, konzentrieren. Beim Sehen bietet Ihnen die Schuhperspektive eine neue Sicht. Sie können auch durch ein Rohr schauen oder blinzeln und so einen Weichzeichnereffekt erzeugen. All das bleibt Ihnen verwehrt, wenn Sie in sich hineinhorchen. Wenn es um die Wahrnehmung geht, die in Ihnen entsteht, müssen Sie ganz bei sich bleiben.

Schreiben: Suchen Sie sich einen Platz und notieren Sie zehn Minuten lang alles, was Ihnen in den Sinn gekommen ist. Wenden Sie die Methode des Écriture automatique an und halten Sie Ihre Hand in Bewegung. Nehmen Sie keine Rücksicht auf Rechtschreibung, Schönschrift oder Grammatik. Setzen Sie den Stift nicht ab. Schreiben Sie alles auf, was Ihnen einfällt, auch wenn es von Ihrer Vorstellung wegzuführen scheint, wichtig ist nur der Schreibfluss. Wenn er ins Stocken gerät, notieren Sie das nächste Wort, das mit einem K wie Kaffeebecher beginnt.

Bearbeiten: Nehmen Sie Ihre Notizen zur Hand und schreiben Sie zwei Seiten in der Ich-Perspektive.

Gestalten: Führen Sie sich den Spannungsbogen einer Geschichte vor Augen: Anfang, Mittelteil und Schluss. Sie brauchen noch Ihre drei Muskeltiere: Personen, Schauplatz und Konflikt. Was setzt die Geschichte in Gang, ist also Ihr Primärereignis? Wie steht Ihre Ich-Person am ersten Wendepunkt da und was geschieht mit ihr am Höhepunkt? Treiben Sie die Verfolgung bis zu Paranoia und stellen Sie das Ich am zweiten Wendepunkt vor ein Dilemma. Treiben Sie den Konflikt auf die Spitze, sodass er grotesk wird und sich am Schluss in Lachen auflöst. Befragen Sie dazu das vierte Muskeltier, den Plot.

Durch das Lachen bringen Sie Erkenntnis- und Vorstellungswelt wieder zusammen. *Die Lüge*, sagt Uwe Kolbe, *ist eine erfundene Erinnerung.* Sie könnten auch sagen: Eine erinnerte Erfindung.

In der Autobiografie von Philip Roth passiert am Ende etwas Unerhörtes, denn die Hauptfigur Zuckerman schreibt an den Autor zurück und sagt: „Sie schaffen eine fiktionale Welt, die weitaus aufregender ist als die Welt, aus der sie genommen ist. [...] Menschen lügen nicht nur, wenn sie getrunken haben, sondern der Unterschied zwischen Fiktion und Realität ist ihnen nicht immer so ganz klar."[93]

Und ich höre den alten Schlager *Kann denn Liebe Sünde sein?* und wandele ihn für mich ab: *Kann denn Lüge Wahrheit sein?*

Meine Antwort lautet ja, denn autobiografische Literatur pendelt zwischen Wirklichkeit und Wahrheit. Und beides existiert mehr als nur ein Mal.

---

93 Philip Roth, Die Tatsachen, a. a. O., Seite 194 und Seite 211.

Zusammenfassung

Seit Augustinus gibt es das Problem, wie sich Lüge und damit auch Wahrheit verifizieren lassen. Doch was für Sie eine Lüge ist, ist für mich vielleicht nur Flunkerei oder sogar ein Kompliment. So unterschiedlich können die inneren Ansichten und Absichten sein.

Wahrheit und Lüge sind ununterscheidbar, denn beides existiert nur, wenn wir jeweils den Maßstab des anderen anlegen.

Es ist wichtig, zwischen dem Autor und dem fiktiven Erzähler eines Textes zu unterscheiden. Wobei der Erzähler in der Regel nicht identisch ist mit dem Autor. Doch wer spricht da, in unserem Text?

Es ist die Erzählerin oder der Erzähler. Wer aber ist das? Es ist nicht die Autorin oder der Autor ... sondern es kommt darauf an, einen Erzähler zu erschaffen, der vom Autor sehr verschieden sein kann.

Jean-Paul Sartre soll gesagt haben: *Der Autor erfindet und der Erzähler erzählt, was geschehen ist. [...] Der Autor erfindet den Erzähler und den Stil der Erzählung, welcher der des Erzählers ist.*

Und in diesem Sinne können Sie sich beruhigt an die Erzählung Ihres Lebens machen. Autobiografische Verbindlichkeit gibt es nicht, aber Sie können in Schlüsselgeschichten Authentizität schaffen und einen wahren Kern herausschälen.

„Die Fiktion kommt der Wahrheit näher als die Wirklichkeit, sie kann ver-dichten",[94] sagt Charlotte Kerr.

Nehmen Sie Wahrheit und Dichtung wörtlich. Scheuen Sie sich nicht, immer wieder etwas zu erfinden, und seien Sie dabei ruhig gründlich. Es kommt nur darauf an, dass der Leser Ihre Geschichte für authentisch hält. Wie Sie selbst diese in Erinnerung haben oder wie sie von Verwandten erzählt wird, spielt keine entscheidende Rolle. Schaffen Sie sich Ihren ganz persönlichen Mythos.

---

94 Charlotte Kerr, Die Frau im roten Mantel, a. a. O., Seite 59.

Ausblick

Dieser dritte Band zum autobiografischen Schreiben mit dem Thema „Schlüsselgeschichten schreiben? – Wahrheit und Dichtung!" bringt Sie Ihrem eigenen Erleben näher und hilft Ihnen zugleich, es in ein anderes Licht zu rücken. Am Anfang atmen autobiografische Texte meist noch sehr das eigene Leben aus und sind der Wahrheit verhaftet. Und Sie als Autorin oder Autor gehen davon aus, dass die Leser schon wissen, was gesagt werden soll. Mit der Zeit aber offenbaren sich die Schlüsselgeschichten.

Für sich genommen sind Erinnerungsstücke, Bilder und Papiere wertlos. Vielleicht bewahren Sie diese noch in einem Pappkarton auf und können sie von Zeit zu Zeit zur Hand nehmen. Welch ein Glück! Eingescannt verlieren sie das Sinnliche.

In der Rückschau ergeben die Dinge aber plötzlich eine Geschichte. Sie zeigen die Verdichtung Ihres Lebens. Da wird eine Rechenaufgabe zum Liebesbrief oder ein Foto zeigt die Familie zum letzten Mal vereint, was Sie nicht gewusst haben, als die Kamera es aufgenommen hat. Ein kleiner, an sich belangloser Vorfall bekommt den Charakter einer Initialzündung und wird zu einem Schlüsselerlebnis.

Doch können Sie darstellen, was damals wirklich geschah? Fließt in das Erzählen nicht all das ein, was später hinzugekommen ist? In der Bibel heißt es oft: *Diese Geschichte ist wahr, sie ist wirklich so passiert.*

Wenn wir etwas sehen, führt das zu Vermutungen. Wir müssen glauben, um eine Sicherheit zu erlangen. Das ist die Zweck eines Textes, der einen Sinn übermitteln will. Wir suchen beim Lesen nach dem harten Kern und verändern so den Text, erschaffen ihn neu und schreiben ihn mit unserem Leben fort.[95]

Nach Dürrenmatt beginnt eine Geschichte mit dem Schluss, womit wir wieder beim Erzähler sind.

Bei Ihrer autobiografischen Reise ist das sogenannte epische Trio mit im Spiel: „Erstens jemand, der erzählt; zweitens jemand, dem erzählt wird; drittens etwas, das zu erzählen ist."[96]

Es ist immer der Moment einer Veränderung, der Spannung hervorruft. Sie können aber nicht alles erzählen. Haben Sie Mut und lassen Sie Lücken, die der Leser mit seiner Fantasie füllen kann. So entstehen Geschichten, die wahr und fiktiv zugleich sind.

Auf dem Weg des Schreibens gibt es kein Halten, wenn man erst einmal angefangen hat, ihn zu gehen.

Helga Schubert sagt, dass eine Geschichte, etwas heraushebt aus dem Lebensfluss. Sie hat einen letzten Satz, eine Überschrift und ein Thema, auch einen ersten Satz. Geschichten sind nicht nur Spiegel, sondern wir schauen durch sie wie durch ein Mikroskop. Nichts ist unwichtig, wenn wir es nur genau betrachten.[97]

---

95 Nach Etienne Charpentier, Führer durch das alte Testament, Düsseldorf, 2002, Seite 12 ff.
96 Volker Klotz, Erzählen, München, 2006, Seite 18.
97 Nach Helga Schubert, Vom Aufstehen, a. a. O., Seite 127 ff.

Ich lade Sie ein, weitere *Schreibratgeber Libelle* zu erkunden. Ob Sie über das Reisen schreiben, mit Ihrer Kreativität spielen oder Gedichte schreiben möchten, lassen Sie sich von den Libellen verführen. Sie schenken Ihnen eine Rundumsicht.

Wie es mir vor mehr als fünfzehn Jahren an der Küste der Bretagne passiert ist, als sich das Weibchen einer Blauflügel-Prachtlibelle auf meiner Schirmmütze niedergelassen hat. Ein göttliches Gefühl. Wie eine Botschaft, mit dem Verstand nicht fassbar.

Doch in meinem Bauch hat es vibriert. Wenn wir die Dinge (Schauplätze, Personen ... Libellen) nur oberflächlich betrachten und nach den üblichen Mustern beurteilen, ist in erster Linie unser Kopf daran beteiligt.

Kreativität entsteht aber nicht im Kopf, sondern im Bauch, in den Fingerspitzen, den Ohren, der Nase, auf der Zunge – natürlich aber auch mit dem Auge.

Stefan Zweig sagt in seinem Essay „Das Geheimnis des künstlerischen Schaffens: [Der] „Vorgang des Schöpferischen [ist eng] mit der Idee des Göttlichen verbunden." Wir versuchen, „das Unbegreifbare zu begreifen." Es geht wie in der Kriminologie darum, „ein Verborgenes aufzuklären, ein Geschehnis, bei dem wir nicht selbst zugegen waren". [Beim] „schöpferischen Prozess [sind wir] gar nicht mit [dem] Bewusstsein dabei", sondern stehen außerhalb unserer selbst. „Unbewusstheit und Bewusstheit [mischen sich genauso wie] Inspiration und Technik, Trunkenheit und Nüchternheit."[98]

---

98 Stefan Zweig, Das Geheimnis des künstlerischen Schaffens, in: Stefan Zweig, Das Geheimnis des künstlerischen Schaffens, Frankfurt, a. M., 1984, Seite 348 ff.

Das künstlerische Schaffen ist ein beständiges Ringen zwischen Unbewusstheit und Bewusstheit Aber es macht glücklich. Trotzdem. Oder deswegen.

Erfahren auch Sie das Glück im Schreiben, pfeilschnell wie die Libellen im Flug.

Seien Sie gespannt auf weitere Schreibimpulse in meinen neuen Schreibratgebern Libelle. Genießen Sie das Glück im Schreiben.

Auf ein kreatives Wiedersehen!

Literaturhinweise

Zitierte Literatur im Überblick

Joseph Campbell, Die Mitte ist überall, Die Sprache von Mythos, Religion und Kunst, München, 1992.

Mihaly Csikszentmihalyi, Kreativität, Wie Sie das Unmögliche schaffen und Ihre Grenzen überwinden, Stuttgart, 1997.

Umberto Eco, Nachschrift zum Namen der Rose, München, 1984.

Annie Ernaux, Eine Frau, Frankfurt a. M., 2020.

Johann Wolfgang von Goethe, Dichtung und Wahrheit, Frankfurt a. M., 1975.

Charlotte Kerr, Die Frau im roten Mantel [Sieben Jahre mit Dürrenmatt], München, 1992.

Kleine literarische Formen in Einzeldarstellungen, Stuttgart, 2002.

Volker Klotz, Erzählen, München, 2006.

Barbara König, Die Wichtigkeit, ein Fremder zu sein, Mainz, 1979.

John Kotre, Weiße Handschuhe, Wie das Gedächtnis Lebensgeschichten schreibt, München, 1995.

Hartmut Lange, Irrtum als Erkenntnis, Meine Realitätserfahrung als Schriftsteller, Zürich, 2002.

Mario Vargas Llosa, Geheime Geschichte eines Romans, Frankfurt a. M., 1992.

Christoph Meckel, Über das Fragmentarische, Mainz, 1978.

Herta Müller, In der Falle, Bonner Poetik Vorlesungen, Göttingen, 1996.

Hans-Christoph Graf von Nayhauss (Hrsg.), Kürzestgeschichten, Stuttgart, 1982.

István Örkény, Minutennovellen, Frankfurt a. M., 2002.

Philip Roth, Die Tatsachen, Autobiographie eines Schriftstellers, München, 1994.

Helga Schubert, Vom Aufstehen, Ein Leben in Geschichten, München, 2023.

Gao Xingjian, Der Berg der Seele, Frankfurt a. M., 2001.

Eva Zeller, Die Autobiographie, Selbsterkenntnis – Selbstentblößung, Stuttgart, 1995.

Carl Zuckmayer, Geheimreport, Hrsg. Gunter Nickel und Johanna Schrön, Tübingen, 2006.

Schreibratgeber

Julia Cameron, Der Weg des Künstlers, München, 2000.

James N. Frey, Wie man einen verdammt guten Roman schreibt, Köln, 1993.

Elizabeth George, Wort für Wort oder Die Kunst ein gutes Buch zu schreiben, München, 2004.

Patricia Highsmith, Suspense oder Wie man einen Thriller schreibt, Zürich, 1990.

Bettina Mosler und Gerd Herholz, Die Musenkussmischmaschine, Essen, 1991.

Hans Peter Roentgen, Drei Seiten für ein Exposé, Stuttgart, 2010.

Gisela Schalk, Bettina Rolfes, Schreiben befreit, Bonn, 1986.

Ronald B. Tobias, 20 Masterplots, Woraus Geschichten gemacht sind, Neuauflage, Berlin, 2016.

Günter Waldmann, Autobiografisches als literarisches Schreiben, Hohengehren, 2002.

Lutz von Werder, erinnern, wiederholen, durcharbeiten, Die eigene Lebensgeschichte kreativ schreiben, Berlin Milow, 1996.

Dank

Ich danke den zahlreichen Teilnehmerinnen und Teilnehmern meiner Schreibkurse für ihre engagierte Mitarbeit und die vielen wertvollen Anregungen.

In über dreißig Jahren ist daraus ein Erfahrungsschatz geworden, den ich nicht missen möchte und den ich sehr zu schätzen weiß.

Auch dieses Buch widme ich wieder den Teilnehmern und Teilnehmerinnen in meinem aktuellen Schreibkurs „Schreiben im Alltag? – Zeit finden!" am Hospitalhof in Stuttgart.

Jutta Weber-Bock

Schreiben im Alltag? – Zeit finden!

106 Seiten, ISBN 978-3-7597-5113-3

TB 9,50 €, eBook 6,99 €

Sie wollten schon immer schreiben, finden aber keine Zeit?

So vieles ist im Alltag wichtiger als das Schreiben?

Das muss nicht sein, denn Schreiben schenkt Ihnen kostbare Zeit.

Drehen Sie Ihre tägliche Aufgabenliste um,

verschieben Sie die Prioritäten, fangen Sie an.

Die 33 Schreibimpulse und Schreibtechniken in diesem Buch

helfen Ihnen dabei.

Denn: Aller Anfang ist leicht.

Jutta Weber-Bock
Lebensgeschichten schreiben? – Vom Ende zum Anfang!
142 Seiten, ISBN 978-3-7597-1530-2
TB 14 €, eBook 9,99 €

Sie möchten spannende Erlebnisse aus Ihrem Leben aufschreiben?
Lernen Sie handwerkliche Grundlagen des Schreibens kennen
und lassen Sie sich zeigen, wie Geschichten gemacht werden.

Gestalten Sie Ihre Geschichten vom Ende zum Anfang.

Die 44 Schreibimpulse und Schreibtechniken in diesem Buch
helfen Ihnen dabei.

Denn: Ideenkeime brauchen Säge, Hobel und Feile.